Les familles d'âmes

Selon les enseignements des Anges Xedah et de l'Archange Michaël

Marie Lise
LABONTÉ

Les familles d'âmes

Selon les enseignements
des Anges Xedah et de l'Archange Michaël

Collection dirigée
par Ahmed Djouder

Je dédie ce livre
à Justin Ethier,
mon fils adoptif,
et aux familles d'âmes.

Table des matières

Avant-propos

Ce livre regroupe des enseignements transmis lors de transes médiumniques sous le thème des Familles d'Âmes. Ces enseignements ont été donnés lors de conférences publiques ou de séminaires intensifs. Nous les avons regroupés afin qu'ils constituent un ouvrage simple, concret et accessible.

Chaque chapitre contient une transmission suivie d'exercices méditatifs et de questions-réponses. Ces questions ont été posées lors des conférences ou lors des séminaires. Nous avons pris soin de choisir celles qui nous semblaient les plus pertinentes pour amener le lecteur à une meilleure compréhension des thèmes associés à chacun des chapitres.

Ce livre a vu le jour grâce à la collaboration de deux personnes que je porte dans mon cœur, Lucie Douville et feu Robert Nataraj Ethier.

Je remercie particulièrement Lucie Douville pour son respect porté à la transcription des enregistrements auditifs, pour son travail de regroupement des différentes transmissions et pour son habilité à prendre les textes et à en créer un livre accessible aux lecteurs.

Je remercie feu Robert Nataraj Ethier pour son soutien et sa présence lors de ces transmissions.

Je souhaite que le contenu de cet ouvrage soit pour vous un soutien dans votre vie et surtout qu'il vous aide à reconnaître les liens d'amour qui existent entre nous, d'âme à âme et de cœur à cœur.

Avec amour
Marie Lise Labonté

Préface

Invitation

Qui êtes-vous?

Il pourra sembler étrange à votre hémisphère gauche d'oublier, le temps de lire cet ouvrage, qui vous êtes sur la Terre. Toutefois, nous vous invitons à oublier votre identité terrestre: oubliez que vous êtes un homme ou une femme, oubliez que vous êtes une mère, que vous avez des enfants, oubliez que vous avez un époux ou une épouse, oubliez que vous êtes cadre de telle compagnie ou enseignant, oubliez que vous êtes Maître Reiki, guérisseur, docteur ou infirmière sans emploi. Soyez sans crainte, vous vous souviendrez. Lorsqu'après avoir déposé ce livre vous reviendrez dans votre quotidien, vous vous souviendrez de votre nom, de votre âge et de tout le reste.

Toutefois, nous vous invitons à cet exercice de conscience pour vous permettre d'accéder à la réelle vibration de votre identité. Oubliez votre nom et demandez en ce moment de vous aligner totalement à votre âme, demandez la collaboration de votre personnalité, de votre ego.

Accueillez consciemment les vibrations de votre famille d'âmes dans tous vos centres d'énergie et ouvrez votre chakra de la couronne, telle la fleur de lotus qui s'épanouit, permettant à cette énergie céleste, à cette vibration qui est l'énergie de votre identité réelle, de remplir tous vos chakras. Respirez profondément. Ressentez cette vibration pénétrer le chakra de votre couronne et descendre dans votre conscience, votre gorge, votre cœur, votre plexus, votre hara, votre base. Permettez à cette vibration de s'enraciner profondément dans le sol.

Consciemment, recevez et accueillez l'exploration de conscience que vous allez vivre à la lecture de ces enseignements. Vous allez découvrir à quel point votre famille d'âmes et la position que vous occupez au sein de cette famille a influencé jusqu'à maintenant, et continuera d'influencer, toute votre vie. Vous aurez le choix, en tant qu'âme libre, d'aligner votre personnalité à votre identité réelle, d'aligner votre action à votre mission. Cette action est à la fois individuelle et personnelle mais aussi transpersonnelle et collective, vous alignant à votre famille, aux autres familles, créant une communion d'âmes qui ont choisi l'incarnation terrestre.

Cet enseignement touche vos racines célestes. Les liens entre les âmes d'une même famille, que vous pourriez appeler «liens terrestres», sont avant toute chose *des liens célestes* qui unissent des âmes ayant choisi de vivre le même passage sur la planète Terre. Ces liens sont le réceptacle d'une très grande possibilité d'évolution pour votre âme et pour les autres âmes qui sont dans la même famille; ils servent l'évolution de la planète ainsi que l'évolution des âmes ayant choisi d'y vivre. Ces liens sont très puissants et sont, avant tout, divins.

Vous avez la mémoire de maintes existences et avez la possibilité de projeter blessures, questions et doutes que vous avez accumulés depuis maintes vies et qui servent l'évolution de votre âme. Vous avez aussi des frères et des soeurs qui, appartenant à la même famille d'âmes que vous, ont choisi l'incarnation sur une autre planète. L'univers est fort vaste. Si votre cœur est fatigué ou endurci et si votre conscience est voilée, il se peut que vous ne reconnaissiez pas ces liens au-delà de la Terre et que vous vous sentiez seul. Mais vous n'êtes pas seul: le tout petit enfant, le chien ou le chat peuvent ressentir les liens que vous ne ressentez pas et s'agiter lorsqu'il y a communication...

Nous invitons votre cerveau gauche à se détendre. Nous l'invitons à une transparence intérieure. Nous invitons l'énergie de votre mental à s'étendre sur la plage de votre conscience. Nous vous invitons à recevoir notre enseignement à travers tous vos centres d'énergie. C'est pourquoi il est important de relâcher l'enveloppe physique, de respirer profondément et de maintenir l'enracinement. Votre conscience et votre cerveau vont créer des associations et des liens pour comprendre les mécanismes réactionnels face à certaines âmes rencontrées jusqu'à présent dans cette incarnation. Il se peut que votre âme ou votre personnalité vivent une nostalgie. Accueillez cette nostalgie.

Tout ce qui est vivant autour de vous, reconnaît votre famille d'âmes! C'est maintenant à votre tour de la reconnaître, de respecter ce lien et, si vous le choisissez, de l'intensifier. Si vous tentez de projeter vos conditionnements familiaux, sociaux, personnels, vos concepts de la famille, du couple... dans la vision élargie de la famille d'âmes, vous aurez des maux de tête car les liens existant au sein de cette famille sont avant tout des liens célestes qui existent bien au-delà de la troisième, quatrième, cinquième, sixième et même de la septième dimension. Il est fort tentant de projeter les lois terrestres de séparation dans vos liens d'âmes. Soyez vigilant! L'enseignement que nous vous proposons exige que vous élargissiez constamment votre conscience et alliez au-delà d'une compréhension cartésienne de la famille, du couple, des trios, des quintuplés...

Ouvrez votre cœur, élargissez votre conscience et levez le voile car le temps des retrouvailles est arrivé.

Qui êtes-vous?

Introduction

Le non-être, la non action est Être. Être est l'action juste.

Nous vous souhaitons la bienvenue dans les vibrations de votre famille d'âmes.

En lisant cet ouvrage, vous allez recevoir maintes informations qui vont toucher les systèmes de croyances qui ont servi de balises à votre vie jusqu'à ce jour. Vous allez aussi recevoir un enseignement qui est directement dirigé à votre conscience, votre cœur et votre hara, ce centre de l'action, unissant ces trois centres d'énergie et vous guidant dans une reconnaissance profonde de qui vous êtes vraiment. Ce que nous vous transmettons est au-delà de l'humanité, au-delà des lois terrestres et c'est pourquoi il est parfois difficile, dans l'incarnation, de le recevoir. Nous avons volontairement attendu plusieurs années avant de les transmettre.

Qui êtes-vous?

Lorsque nous vous posons cette question, nous ne parlons pas de votre identité matrimoniale, ni de votre identité sociale, sexuelle ou même terrestre. Votre âme possède une identité qui est la divinité qui l'habite, l'étincelle, la flamme. Elle existe dans son essence qui est la Source. Elle transporte une vibration, un son, un parfum, une teinte vibratoire, une couleur. Elle transporte son identité qui est totalement fondue au Divin, servant constamment la Source à travers la famille d'âmes à laquelle elle appartient.

Lorsque votre âme a choisi l'incarnation, elle a choisi de transporter son identité vibratoire et d'assumer cette identité à travers la densité encore plus grande de l'incarnation terrestre. Ainsi, peu importe le code génétique de l'incarnation, le karma, l'inconscient associé à la planète et tout le reste, *l'identité vibratoire de votre âme est ce qui prime!* L'identité vibratoire de votre âme est ce qui prime au sein de votre incarnation. Le code génétique de votre âme est la divinité et c'est pourquoi elle cherche constamment à retourner à la Source, à redevenir étincelle. Elle est mue par ce désir inné de fusion, car elle est totalement fusionnée à sa famille et ainsi à son identité.

Lorsque votre âme réussit, à travers la densité d'une planète, à vivre son identité vibratoire, elle grandit et cela lui permet éventuellement de retourner à l'étincelle. Plus votre âme vit son identité vibratoire en étant incarnée, plus elle se fusionne et plus elle rencontre les âmes de sa famille ou de d'autres familles, aidant ainsi à faire évoluer l'univers des âmes! C'est pourquoi il est fort important de transcender la condition terrestre et d'aider votre âme, à travers la densité de l'incarnation planétaire, à vivre son mouvement de vie dans l'énergie de l'amour et de la lumière.

Vous avez le choix de plonger dans le vide, de lâcher prise sur tous vos conditionnements et sur vos blessures influencées par des mémoires. Vous avez le choix de plonger dans le vide de l'enseignement et de prendre le risque de découvrir votre réelle identité!

Qui êtes-vous?

Vous êtes né de la Source, et ce, vous le savez. Plusieurs ouvrages spirituels vous le communiquent, plusieurs maîtres spirituels vous le disent. Vous êtes né de cette force; l'étincelle se détachant de l'Étincelle pour ensuite choisir une identité vibratoire appelée âme. Votre âme s'est alors dirigée vers une famille d'âmes, qui pourrait facilement être comparée, dans sa forme, à une cellule humaine. Elle a donc rejoint sa famille et s'est positionnée au sein de celle-ci. Toutefois, lorsque votre âme a choisi l'incarnation terrestre, elle a choisi de s'incarner en portant la vibration de son identité divine. Cette vibration est constamment présente. La vibration de votre famille, de votre réelle identité à travers le Divin, est toujours présente même si vous, vous l'avez oubliée.

Pourquoi l'avez-vous oubliée? Tout simplement parce que cet oubli, ce coma temporaire, est associé à la planète Terre. L'âme y vit le filtre terrestre, densité qu'elle choisit de retrouver et qui l'amène à oublier ses origines célestes. De plus, à travers toutes les expériences qu'elle vit et qui sont également des filtres, elle évolue. Toutefois, il se peut que la personnalité devienne d'une force telle que l'ego en vienne même à oublier que l'âme existe. C'est pourquoi nous rencontrons des humains qui nous demandent: «Où est l'âme? Est-ce que l'âme existe? Sommes-nous simplement un corps physique vivant une expérience de vie pour ensuite quitter la planète?» Votre âme est fort réelle. Toutefois, cette réalité n'est pas tangible pour celui qui regarde l'enveloppe physique avec ses yeux terrestres, la touche et la secoue, attendant que l'âme tombe par terre.

Votre âme est attachée à votre enveloppe physique. Le saviez-vous? Son point d'attache se situe au niveau de votre cœur, à quelques centimètres au-dessus de votre cœur physique sur le devant et à l'arrière. Ainsi, lorsque vous désirez dialoguer avec l'âme de votre voisin ou de votre voisine, vous n'avez qu'à déposer très gentiment votre main à ce niveau, tout près de la région du thymus, sans toucher l'enveloppe physique, et vous pourrez ressentir la vibration de son âme. C'est le point d'attache de l'âme dans l'enveloppe physique.

Toutefois, l'âme n'est pas limitée à ce point. Elle est beaucoup plus vaste que votre enveloppe physique, beaucoup plus vaste que vos corps subtils, plus vaste même que votre cocon de lumière. Vous ne pourriez pas exister sur la planète Terre si votre âme n'était pas présente, reliée par ce point d'attache près du cœur et des poumons, centre de la vie. Vous existez car vous êtes une âme incarnée. Votre âme, du fait qu'elle est associée à une planète où il y a attraction terrestre, donc gravité, possède un certain poids, une certaine densité qui peut la rendre palpable, qui vous permet de la ressentir lorsque vous passez votre main au niveau de son point d'attache.

Vous êtes constamment en relation télépathique avec votre famille d'âmes. Votre famille ne vous rejette pas, ne vous abandonne pas, ne vous trahit pas. Elle n'est pas terrestre, elle est céleste. Elle est *constamment présente*. Lorsque votre âme s'incarne avec plusieurs membres de sa famille, le but de l'incarnation est de servir la Source que vous portez. Imaginez par exemple que vous soyez de la famille d'âmes des Guérisseurs, venant servir le fluide de la guérison à travers votre incarnation. Ainsi, il se peut que votre identité terrestre soit celle de médecin et que, malgré ce titre et cette profession, vous ne serviez pas la mission première de la famille des Guérisseurs. Il se peut également que cette profession et que cette expérience servent votre âme, votre famille et la Source. Cela dépend de la communion, de la transparence entre l'ego et l'âme.

Ce que nous tentons de vous dire c'est que votre profession, le choix que vous avez fait de vous exprimer en tant qu'âme incarnée dans une société, d'exprimer votre personnalité à travers une profession, peut vous sembler très près ou très loin de votre identité céleste. Cela dépend toujours de la communion qui existe entre votre personnalité et votre âme. Il n'y a pas de profession idéale pour la famille des Guérisseurs, tout comme il n'y a pas de profession idéale pour la famille des Maîtres ou tout autre famille d'âmes. La vibration de votre identité céleste émane constamment de vous, peu importe le nom que vous portez dans cette société. Vous pourriez vous appeler Ladouceur et appartenir à la famille des Guerriers.

Votre identité terrestre est certes importante car elle est le filtre de votre incarnation. Toutefois, attention de ne pas vous y perdre, car cette identité, vous la quitterez telle une vieille peau lorsque vous vivrez le passage. Ce qui restera sera votre réelle identité qui fut présente pendant toute votre incarnation.

Ainsi, qui êtes-vous? Maintes personnes nous ont demandé: «Comment est-ce possible de savoir à quelle famille nous appartenons? Comment est-ce possible de reconnaître notre réelle identité?» Vous le savez déjà. Reposez-vous! Détendez votre corps physique, relâchez les épaules et la région de l'ego. Lâchez prise! Devenez réceptif. Vous le savez déjà! Vous portez en vous le fluide de votre famille d'âmes. Votre essence est la Source. Votre identité est votre famille. Et vous la portez, même si vous l'avez oubliée, même si vous la niez. Elle vous colle à l'âme car vous êtes cette vibration. En ce moment, il devient urgent de rétablir les liens entre les familles et les liens au sein même des familles. Ces liens doivent être connectés consciemment pour intensifier la vibration et l'alignement de la vision que vous portez au sein de votre identité. Vous allez de plus en plus développer une conscience de votre famille d'âmes. Vous allez ressentir cette présence.

Ainsi, il est fort important que vous reconnaissiez votre identité, non pas pour nourrir la personnalité, mais bien pour vous aider à reconnaître l'amour, la lumière que vous portez et la vision que vous avez amenée sur la planète Terre, vision de votre incarnation. Vous êtes ici présent, en tant qu'âme, pour une raison fort spécifique. C'est ce que nous appelons la vision interne. Il y a un but à votre incarnation, il y a un but à votre position dans la famille, il y a un but à votre identité. Ceci n'est pas un jeu de dés, un jeu du hasard. Vous avez choisi de servir la Source car vous êtes constamment un outil, constamment à servir le principe divin d'où vous venez et là où vous êtes. Et ce service n'est pas difficile. Certes, à travers le filtre de l'incarnation terrestre, pour l'ego et la personnalité, le service à la Source peut sembler fort pénible, mais en fait, il ne l'est pas.

Tout ceci n'a pas pour but de vous dissocier de votre famille terrestre, tout au contraire. Plus vous guérirez les liens au sein de votre famille terrestre, plus vous libérerez votre cœur, votre conscience et votre hara pour rejoindre les liens très sains, très purs de votre famille céleste. «Ce qui est en bas est comme ce qui est en haut et ce qui est en haut est comme ce qui est en bas». Il n'y a pas de séparation.

La famille terrestre que vous avez choisie, les âmes que vous avez choisi de retrouver au sein de cette famille, ne font pas nécessairement partie de votre famille d'âmes. Elles peuvent faire partie d'autres familles. Il n'y a pas de hasard. D'où l'urgence de guérir les liens au sein de votre famille terrestre, de laisser aller les vieilles haines, les vieux ressentiments. Guérissez votre famille terrestre. Guérissez-vous! Alignez votre cœur, votre conscience et votre hara avec toutes les âmes que vous rencontrez et reconnaissez qui sont les âmes de votre famille. Vous avez une action fort précise à accomplir ensemble et vous avez aussi, entre familles, des liens à établir.

Nous vous invitons à laisser aller les résistances en vous, les blessures qui créent une pudeur, une difficulté de reconnaissance, jusqu'à un refus d'accueillir votre identité réelle. Vous allez certes vivre une forme de désintoxication de l'énergie cristallisée qui est à l'intérieur de vos chakras. Vous allez aussi vivre une désintoxication de l'énergie qui est associée à votre famille d'âmes, énergie logée dans la profondeur de votre canal appelé en sanskrit la *shushumna**. Dans cette forme de tuyauterie énergétique logent la vibration de votre famille et l'énergie résiduelle des rendez-vous que vous n'avez pas osé accueillir dans votre existence, des rendez-vous manqués, des rendez-vous avortés. Nous approfondirons chacun de ces éléments dans les chapitres à venir.

L'énergie que vous vivez présentement, due au vortex créé par ce nouveau millénaire, entraîne une densification au niveau de la *physicalité* et des plans terrestres, une forme

* Shushumna: mot sanskrit désignant un canal vibratoire situé tout autour de la colonne vertébrale où se loge la force de vie, la force spirituelle. Dans l'hindouisme, cette force de vie est appelée kundalini.

de cristallisation des énergies de la peur, de l'attachement, de la haine, de la violence et des désirs de possession. Et en même temps que cette densité se resserre, se cristallise, il y a une poussée de lumière. Car là où il y a augmentation de l'ombre, il y a intensification de la lumière et éveil de la conscience, du cœur et de l'action juste chez maintes âmes qui, comme vous, sont incarnées.

Soudainement, les âmes qui étaient perdues dans la *physicalité* peuvent, à travers cette augmentation de la densité et de l'ombre, s'éveiller à leur conscience, s'éveiller à l'essentiel, cesser de se disperser et se recentrer, centrer la vibration de leur incarnation à l'essentiel en eux et autour d'eux. La nature même de l'essentiel est la vérité que vous portez à l'intérieur de vous. Cette vérité ressemble étrangement à l'énergie de l'amour. Toutefois, il se peut que vous n'appeliez pas la vérité qui est en vous, l'amour. Il se peut que vous l'appeliez *le choix*: le choix de votre incarnation, le choix de vivre la lumière dans le quotidien, le choix de vous aimer de plus en plus, de reconnaître votre divinité, votre nature humaine et d'aligner, dans un mouvement d'union, ces aspects de vous-même, le choix d'être transparent, le choix de laisser aller ce qui entrave les liens, ce qui emprisonne votre cœur, votre conscience et votre action. Ces choix sont aussi des choix d'amour.

Vous êtes de ceux-là. Vous avez répondu à l'appel de votre âme, à l'appel de la lumière en vous et c'est pourquoi vous êtes, en ce moment, à lire ces enseignements. Tout au long de votre lecture, nous allons nous adresser à votre âme et nous allons inviter votre personnalité et votre ego à devenir transparents, à reconnaître la vibration de votre âme, vibration de l'étincelle divine que vous portez au plus profond de vous. Vous êtes cette étincelle.

Le fluide de l'amour est ce qui maintient l'univers et tous les univers ensemble. Toutes les familles d'âmes forment un corps vibratoire avec des centres que nous pourrions appeler chakras, créant ainsi l'univers des âmes, votre univers.

EXERCICE

Nous voulons, par cet exercice, vous inviter à vivre une relation plus intime avec votre âme, à établir un contact vous permettant d'entrer en communication, en communion avec elle, vous ouvrant les portes de votre réalité céleste. Le point d'attache de votre âme se trouve à la croisée des chemins entre l'au-delà et ici bas. Lorsque vous vous sentez perdu, désorienté, que votre incarnation devient difficile à vivre, établissez le contact avec votre âme, déposez votre main, tendez l'oreille et ouvrez votre cœur.

Respirez profondément, sans forcer votre rythme. Demandez à votre personnalité et à votre ego de devenir transparents à votre essence, de vous accompagner dans cette reconnaissance profonde de votre identité. Continuez à respirer dans la conscience du souffle divin qui habite chacune des cellules de votre corps.

Amenez une de vos mains dans la région du point d'attache de votre âme, c'est-à-dire à quelques centimètres de votre cœur. Laissez cette main être à l'écoute de la vibration de votre âme. Détendez le bras, détendez le coude. Votre main est souple, très souple. Laissez vos doigts se replier légèrement, laissez la vibration de votre âme être ressentie par votre main. Laissez aller les systèmes de croyances qui vous disent que vous ne ressentez rien. Relâchez les épaules et détendez-vous. Amenez votre conscience au cœur de votre main et ressentez. Laissez-vous imprégner par l'énergie qui émane du centre de votre centre, du cœur de votre cœur.

Vous aurez, grâce à cet exercice fort simple, accès à toute l'information pouvant vous aider à alléger vos peines, à donner un sens à votre vie, à vous ramener à l'essentiel.

Chapitre 1

Si l'incarnation m'était contée

Votre vécu terrestre est un outil. Il n'est point une limitation.

Vous êtes né de la Source. Il n'existe pas de mots terrestres pour décrire la Source divine. Le seul mot est... la Source. Nous pouvons la décrire comme un soleil éclatant, une mer d'étincelles qui vibre sans cesse, qui englobe tout et qui transmet cette vibration d'amour sans conditions. Votre âme a pris naissance dans ce soleil, étincelle quittant l'Étincelle, portant comme unique code génétique le divin d'où elle est issue.

Cette étincelle qui était vous et est toujours vous, a pu se diviser plusieurs fois avant de traverser le premier sas vibratoire. Les étincelles peuvent ainsi se multiplier et, soudainement, choisir la voie de l'identité vibratoire, la voie de l'âme. Elles passent alors à travers un premier sas vibratoire, porte vibratoire que nous appelons l'Âme Mère. Par la suite, elle peut traverser deux, trois, quatre, cinq, six, sept sas vibratoires, affinant ainsi son identité. Et le but de cette identité? Servir la Source. N'est-ce pas merveilleux?

L'Âme Mère n'est pas véritablement une âme: elle est le sas principal émanant de la Source, pure vibration dans laquelle baigne toutes les familles d'âmes. Afin de vous aider à bien saisir cette dimension, nous pourrions dire que l'étincelle naît de la Source et que l'âme naît de l'Âme Mère. Dans le sas de l'Âme Mère, l'étincelle revêt le manteau vibratoire qui l'accompagnera tout au long de son incarnation, manteau vibratoire appelé l'âme. Émanant de l'Âme Mère, certaines âmes vont immédiatement rejoindre leur famille d'âmes. D'autres vont traverser différents sas vibratoires, sas pouvant être comparés à des portes à travers lesquelles l'âme passe pour affiner et confirmer son identité. Certains de ces sas sont des regroupements d'étincelles, des confréries d'étincelles appelées: Anges, Archanges, Numineuses... Ces regroupements sont pures vibrations. Ils accompagnent les âmes constamment. Il se peut que certains d'entre vous ressentent une affinité avec les Anges, les Archanges ... Ceci s'explique aisément du fait que votre âme a pu traverser un ou plusieurs de ces sas, de ces portes vibratoires, pour affiner son identité. Ainsi, au sein de votre famille, certaines âmes n'ont vécu qu'un sas vibratoire, d'autres deux, trois, quatre ou cinq.

Votre âme, toujours habitée de l'étincelle, s'est ensuite dirigée vers la famille qu'elle avait choisi de rejoindre pour servir la Source. Dans votre famille, vous vous êtes positionné*. Certaines âmes se sont dirigées vers le noyau, centre de la cellule familiale, porteur de l'identité de la cellule tout entière. D'autres âmes se sont positionnées dans la bande qui entoure le noyau, jouant un rôle de filtre et de protection. D'autres se sont, quant à elles, installées dans la bande qui entoure le filtre, ayant comme fonction de maintenir

* Les positions décrites seront expliquées en profondeur au chapitre 3.

l'équilibre au sein de la cellule. Finalement, certaines âmes se sont dirigées vers la bande périphérique qui scelle et ferme la cellule.

Vous avez donc rejoint votre famille qui, elle aussi, possède une identité. Cette identité ne peut être comparée à l'ego ni au karma. Ces termes n'existent pas dans l'au-delà. Lorsque vous vivrez l'expérience de vous connecter à votre famille, vous devrez oublier ces expressions: ego, inconscient, astral, personnalité... Vous ne pouvez pas réduire l'expérience de votre famille d'âmes à la vibration terrestre, ni projeter la Terre et ses conditionnements au sein de cette famille. Ceci n'a pas sa place. Au sein de cette famille, vous avez choisi l'incarnation, comme plusieurs membres de votre famille, et vous vous êtes retrouvé sur la Terre à vivre la fin d'un millénaire et la naissance d'un nouveau. Par la suite (nous utilisons cette expression simplement pour vous faire image car le temps n'existe pas dans l'au-delà), vos âmes ont choisi de vivre l'expérience de l'incarnation. Après avoir échangé avec vos guides d'incarnation, cet échange ayant pu avoir lieu soit au sein même de la famille ou dans des sas particuliers, vous avez choisi de «quitter» l'emplacement que vous occupiez dans votre famille d'âmes pour aller rejoindre votre famille terrestre.

Nous utilisons le terme *quitter* sachant fort bien que ce n'est pas le mot qui représente votre réalité céleste, car vous ne quittez jamais la famille, vous êtes toujours relié à elle. Toutefois certaines âmes sont amenées dans un lieu spécifique, toujours au sein de l'Âme Mère, pour rencontrer leurs guides et planifier la «future» incarnation. La famille d'âmes est une forme de membrane qui contient toutes les âmes, toutefois les âmes ne sont pas toujours *dans* la famille, elles peuvent quitter pour certaines missions fort spécifiques et revenir. Il y a un va-et-vient.

Vous avez donc choisi de retrouver d'autres âmes, créant une famille pour répondre aux critères de la Terre qui sont: famille, papa, maman et ainsi de suite. Situation idéale, n'est-ce pas? Sachant fort bien que la séparation n'existe pas, vous avez amené la vibration de votre famille céleste, son identité, au sein même de votre famille terrestre. Vous avez commencé à visiter votre future famille tout en étant constamment en relation vibratoire avec votre famille d'âmes. Votre âme savait, sait et saura toujours que l'incarnation terrestre est un passage et qu'il y a un but à cette incarnation. Ce but est la guérison intérieure, la transcendance, la fusion à votre divinité et l'expérience de la famille d'âmes à travers la densité d'une planète. Votre incarnation a également pour but les retrouvailles avec vos frères et soeurs de lumière, qu'ils appartiennent à votre famille ou à d'autres, tissant ainsi une toile, un tissu conjonctif énergétique sur la planète Terre, ré-énergisant ainsi maints circuits terrestres et célestes, unissant le Ciel et la Terre, unissant les familles entre elles, semant et portant la lumière et l'amour, unissant les codes génétiques de la personnalité et de l'âme, fusionnant l'au-delà et l'ici-bas, passage, *passages*.

L'identité vibratoire de votre âme est fort importante. Plus vous la reconnaissez, plus vous vous alignez. Plus vous reconnaissez votre action au sein de la cellule et plus vous vous alignez, plus vous recréez les liens. Plus vous reconnaissez vos frères et soeurs de lumière, plus vous recréez la cellule et les unions dans la densité. Plus vous unissez cette planète aux plans vibratoires célestes et plus vous unissez les planètes entre elles, semant l'alignement dans l'univers. L'alignement exige le détachement. L'alignement exige une purification de l'ego, une élévation de votre taux vibratoire. Il entraîne une désintoxication (l'intoxication étant due à une forme de négativité intérieure) et aligne vos chakras, votre *shushumna*, votre cœur et votre essence.

Vous devez devenir conscient que plus vous retrouvez l'identité propre de votre âme, l'identité de votre famille et de sa mission, plus vous semez et partagez cette vision sur la planète Terre. Par cette action dans la conscience, vous aidez toutes les âmes qui sont flottantes, qui ne reconnaissent pas l'appartenance intérieure à une famille et qui ont de la difficulté à trouver leur mission. Plus vous vous regroupez consciemment, plus vous aidez les autres à s'aligner dans leur propre vision, collaborant ainsi à l'accomplissement de la vision planétaire. Tout se tient dans l'univers!

L'identité de votre âme existe au sein même de la Source. Il n'y a pas de séparation entre les différentes familles, tout comme il n'y a pas de séparation entre votre identité et la Source. Depuis la naissance même de votre âme, vous êtes **un**. Certes, à travers le filtre de l'incarnation terrestre, il se peut que vous ressentiez une perception de séparation entre votre condition humaine et votre condition divine. Nous vous disons que vous êtes, avant toute chose, à travers toute chose et après toute chose, **divin**. Votre nature est spirituelle. L'identité de votre âme circule à travers votre sang et à travers vos cellules. Vous êtes qui vous êtes.

Votre âme possède une vibration fort spécifique, une densité vibratoire permettant l'incarnation, permettant de vivre à travers une enveloppe physique qui est plus dense que les corps subtils. Vous possédez, dans votre âme, la flamme, l'étincelle, parcelle de la Source. Souvenez-vous! Vous êtes constamment cette étincelle, vous êtes constamment cette énergie divine. Votre identité vibratoire est importante non pas pour nourrir votre ego, mais bien pour vous guider dans l'incarnation que vous vivez en ce moment. Plus les âmes reconnaissent cette identité, plus elles alignent leur action, plus elles s'associent à d'autres âmes qui alignent également leur action, qui est avant tout de servir votre évolution, de servir l'amour, de servir la lumière, de servir l'étincelle en vous, de servir la Source.

Nous tentons de vous aider à retrouver le monde d'où vous venez. Votre âme est toujours entourée des étincelles et baigne dans le fluide de votre famille d'âmes. Dans la densité de votre incarnation, il se peut que seul votre chien reconnaisse l'étincelle ! Il se peut que votre chat ait le regard fixe et que votre enfant s'amuse à tenter d'attraper les étincelles qui tourbillonnent tout autour de vous, contemplant avec fixité votre couronne !

Nous allons vous inviter dans l'expérience du moment présent et du temps qui circule sur votre planète. Développez la perception des liens avec votre famille d'âmes, avec les étincelles et avec tous les êtres de lumière qui vous entourent.

EXERCICE

Chant mantrique: AUM

Asseyez-vous confortablement en ayant, si cela est possible, la colonne vertébrale bien étirée, sans toutefois être tendue. Respirez profondément et laissez votre respiration, souffle de vie, descendre dans tous vos centres d'énergie. Détendez-vous dans l'énergie de votre cœur, de votre conscience et de votre hara. Consciemment, appelez l'énergie des plans supérieurs de conscience, des familles d'âmes, et demandez-lui de descendre jusque dans la profondeur de vos racines terrestres.

Nous allons maintenant vous inviter à chanter un mantra, le mantra de l'appel de votre âme et de votre famille. Cet appel est vibratoire. Le **A**, le son de l'âme, s'unissant au **UM**, le son universel, crée le lien télépathique entre votre âme et votre famille d'âmes. Ce chant mantrique va susciter l'éveil, l'émanation des vibrations de votre âme et la reconnaissance de votre identité. Chantez le mantra, laissez-vous bercer par sa vibration, laissez-vous bercer par ce chant tout en maintenant votre enracinement

QUESTIONS

Q: L'étincelle peut-elle s'incarner?

R: L'étincelle ne peut s'incarner car elle n'a pas d'identité vibratoire, elle ne porte pas le manteau-âme. Elle est pure vibration.

Q: L'étincelle est-elle la même dans l'au-delà qu'ici-bas?

R: L'étincelle en vous est toujours la même vibration, que vous choisissiez l'ombre ou la lumière, la terre ou le ciel. L'étincelle est inconditionnelle et éternelle. L'étincelle est l'essence, l'essence est l'étincelle. C'est le code génétique de votre âme.

Q: Pourquoi certaines âmes choisissent-elles de ne passer à travers un seul sas vibratoire alors que d'autres en traversent plusieurs?

R: Par choix d'affiner leur identité. Les sas affinent, c'est-à-dire qu'ils «personnalisent» l'identité. L'âme qui traverse plusieurs sas vibratoires devient plus solide dans son identité vibratoire d'âme, plus «dense», plus forte, rendant ainsi plus facile l'incarnation terrestre. **Ceci n'est ni bien ni mal, ceci est**. Cette densité peut servir l'âme, dans la lumière ou dans l'ombre, car la densité de l'âme peut l'amener à se «séparer» de son étincelle. Comme nous le disions, la densité facilite l'incarnation terrestre mais le risque est que l'âme se perde dans une identité trop forte. L'âme qui n'a passé qu'un sas est plus «légère», plus proche de l'étincelle, son identité est moins affirmée, plus transparente. L'incarnation terrestre est ainsi moins facile à vivre, ces âmes ayant constamment le désir de quitter ce plan et de retourner dans le monde des étincelles.

Q: Doit-on toujours revenir à l'étincelle pour changer de famille d'âmes?

R: Nous le suggérons fortement. Il est plus facile de retourner à l'étincelle et vous fondre à nouveau à la Source avant de changer de famille d'âmes.

Q: Pour devenir étincelle, doit-on obligatoirement atteindre l'anneau extérieur*?

R: Non point. Il y aurait congestion, bouchon dans l'anneau extérieur. Vous n'êtes pas obligé de vivre les positions de légèreté. Vous pouvez être nucléus* et vivre une transmutation telle que vous retournez à l'étincelle. Saisissez bien que la position dans la famille n'est pas un emprisonnement.

Q: Vous serait-il possible d'élaborer au sujet de la «densité» de l'âme?

R: Votre âme possède une forme de densité. Non pas comme le bois, mais nous pourrions quand même utiliser cette comparaison pour vous imager. Et cette densité vous permet de vous incarner. Si vous pouviez lire l'âme et que vous ayez la chance de la contempler lorsqu'elle quitte une enveloppe physique, vivant ce que vous appelez le passage, vous verriez une énergie givrée, telle une forme de nébuleuse, quitter le corps de la

---

* Ce terme sera expliqué en profondeur au chapitre 3.

personne. Vous pourriez passer votre main et ressentir une légère densité, soit l'âme qui est à vivre le passage et qui s'élève. Vous pourriez la palper, vous pourriez même sentir l'odeur, non pas celle du corps, mais bien celle de l'âme. Vous pourriez également voir la teinte vibratoire et même ressentir une forme de présence, l'âme venant très près de vous, vous caressant et quittant. Dans cette légère densité existe la flamme, l'étincelle. Ceci est vous. Vous êtes la Source.

Ainsi, imaginez que votre âme possède une certaine opacité et que d'incarnation en incarnation, vous choisissiez de vivre des espaces de transmutation, de purification. Peu à peu vous deviendriez de plus en plus transparent en tant qu'âme, jusqu'à devenir tel un voile translucide. Vous seriez toujours une âme, portant l'étincelle. Toutefois, ces espaces de transmutation vous amèneraient à redevenir totalement transparent à votre essence, vous permettant ainsi de retourner à l'étincelle, vous fondre dans la Source, et à nouveau renaître. N'est-ce pas merveilleux?

Q: Pourquoi tant d'âmes ont-elles le goût de partir, de tout quitter?

R: Vous êtes libres et en tout temps vous pouvez dire: «Basta!», «Suffit!», «Au revoir!»... Vous êtes libres. Certaines âmes tentent de quitter et reviennent, alors que d'autres quittent et ne reviennent pas. La vision respective de chacune des familles et des âmes qui composent ces familles ne sont pas à l'opposé l'une de l'autre. Les âmes se tiennent ensemble. Le but ultime est de servir la Source. Les âmes qui choisissent l'ombre et décident de servir la destruction sont quand même porteuses de l'étincelle. Alors quelle est votre responsabilité en tant qu'âme? Reconnaissez-vous! Vous ne pouvez pas imaginer la puissance qui s'installe lorsque l'ego accepte la reconnaissance de l'identité de l'âme, aussitôt la reconnaissance de l'identité terrestre suit sans nuire. La vision est de servir, alors comment votre groupe d'âmes va-t-il choisir de servir? Là est la réelle question.

Q: Pour retourner à l'étincelle, faut-il vivre le passage, mourir?

R: Dans l'au-delà, il existe des sas vibratoires, des structures vibratoires au travers desquelles l'âme passe pour vivre une épuration, pour enlever ses couches, alléger sa densité, et par ces étapes de transmutation, l'âme devient de plus en plus transparente, jusqu'à redevenir étincelle. Ces sas vibratoires peuvent également être vécus dans l'incarnation. Nous allons vous donner un exemple: la mort clinique. Certaines entités, en vivant la mort clinique, transmutent leur vibration et reviennent dans leur incarnation avec une vision quelquefois plus clarifiée et quelquefois totalement réalignée. Nous ne parlons pas ici de «walk-in», du changement d'âme dans l'enveloppe physique; nous parlons toujours de la même âme habitant la même enveloppe. Si la personne vit un choc crânien et qu'il y a coma, l'âme peut, dans cet espace, vivre des étapes de transmutation. Quelquefois l'âme choisit de quitter et de ne pas revenir sur le plan terrestre. D'autres choisissent de poursuivre l'incarnation, s'éveillent du coma et sont beaucoup moins denses, ayant transformé leur alignement, contacté leur vision.

Q: Est-ce un processus sans fin? Passe-t-on d'une famille à une autre et ainsi de suite? Est-ce que ça arrête un jour?

R: Le terme «fin» n'existe pas dans l'au-delà car il n'y a pas de temps. Il n'y a pas non plus de cycles. Il est difficile pour vous, dans le temps terrestre, d'imaginer que là où nous sommes, le temps n'existe pas. Certes, les étincelles sont les étincelles, les âmes sont les âmes. Ces entités vibratoires se côtoient. Elles ne sont pas séparées car vous êtes aussi étincelles. Ceci n'est pas comme dans l'incarnation terrestre. L'incarnation terrestre a un début et une fin. Le cycle de l'incarnation terrestre a aussi un début et une fin. Il n'y a pas de sentiment d'habitude associé au fait d'être une âme. Vous ne pouvez pas projeter la dimension terrestre dans l'univers des âmes. La Source a-t-elle une fin? Va-t-elle bientôt arrêter son action? Va-t-il ou va-t-elle terminer son cycle? Y a-t-il une fin à la Source? Comment pouvez-vous répondre à ces questions? Vous êtes dans l'éternel. Certes, pour vous qui êtes incarné, l'éternité peut vous sembler fort long car vous y projetez la dimension terrestre.

Lorsque nous informons les âmes qu'elles peuvent terminer le cycle de l'incarnation, atteindre l'illumination et choisir de revenir à nouveau sur Terre, les âmes incarnées s'écrient: «Non point, non point! Cela est terrible!». Et nous leur disons: «Non point, non point! Votre âme est contente de revenir pour servir». Saisissez-vous que la nuance est vaste?

Q: Pourquoi certaines âmes se sentent-elles plus près de l'Archange Michaël alors que d'autres se sentent plus près des Anges?

R: Certaines âmes sont en association plus forte que d'autres à des vibrations qui les ont guidées dans maintes incarnations et même au-delà de l'incarnation; Anges, Archanges... Cette association vibratoire n'est pas nécessairement, nous disons bien nécessairement, reliée au fait que l'âme ait traversé un sas.

Les cellules du manteau de l'âme peuvent vibrer en résonance avec une vibration spécifique, notre vibration par exemple, nous qui sommes une accumulation, un regroupement d'étincelles appelé Archange, appelé conscience archangélique, appelé tout simplement Michaël.

Q: Pourriez-vous nous dire ce que sont les égrégores?

R: Ce sont des regroupements d'étincelles ou d'âmes. L'égrégore n'est pas un sas. Toutefois, dans l'égrégore vous pouvez retrouver des sas, car les sas sont des lieux d'initiation, ce sont des passages.

Chapitre 2

À quelle famille appartenez-vous ?

Plus vous reconnaissez votre identité et plus les autres se reconnaissent

Quelles sont ces familles d'âmes qui ont choisi d'avoir une action et de s'incarner sur la Terre en ce nouveau millénaire ? Nous allons nommer les principales familles qui, en ce moment, agissent grandement sur votre planète. Comment savoir à laquelle vous appartenez ? Quelle est votre identité profonde ? Votre identité profonde est avant tout la divinité, l'étincelle qui vous habite. Soyez bien attentifs lors de la description des différentes familles, il y en aura sûrement une qui vous parlera plus que les autres, une qui entrera en résonance avec les désirs qui sont logés dans la profondeur de votre être.

Avant de débuter, nous vous demandons de détendre votre enveloppe physique et de respirer profondément. Vous n'avez pas besoin de l'ego. Continuez à respirer dans la conscience du souffle divin en vous, unissant le haut et le bas, le côté droit et le côté gauche de votre corps, le yin et le yang, unissant l'âme à la personnalité, unissant, à travers votre respiration, le ciel et la terre. Laissez tout simplement les mots vibrer en vous et observez le mouvement de votre âme.

La Famille des Maîtres

Il existe en ce moment sur la planète Terre, une famille que nous appelons la famille des Maîtres. Au sein de cette famille vous retrouvez, entre autres, les Maîtres Ascensionnés. Le but de l'existence de ces âmes est **d'initier le mouvement**. Lorsqu'elles s'incarnent, lorsque la personnalité permet la transparence, elles deviennent des dirigeants, des initiateurs de mouvements, dans la lumière ou dans l'ombre.

Ceci vous fait réagir? Le jugement n'existe pas dans l'au-delà. Votre âme est constamment libre. Vous pouvez, à travers le filtre terrestre, choisir de vous unir à l'amour et à la lumière. Vous avez également la possibilité de vous unir au *non amour* et à la destruction; votre identité servira votre choix. Toutefois, vous portez toujours l'étincelle. L'étincelle ne vous quitte pas choquée de votre choix car elle est inconditionnelle, tout comme la Source. Elle vous accompagnera jusqu'à ce que vous transformiez ce choix. Vous êtes libre et cette liberté est votre initiation. C'est pourquoi maintes âmes incarnées nous ont dit qu'elles préféraient être emprisonnées. Ceci semblait plus facile à vivre car elles connaissent les barreaux de leur prison, elles ont une référence. Alors que la liberté les amènerait à choisir... Cette précision n'est pas uniquement pour les âmes qui sont dans la famille des Maîtres mais bien pour toutes les âmes, peu importe la famille à laquelle elles appartiennent.

Ainsi, si nous revenons à la famille des Maîtres, les âmes qui choisissent de s'incarner au sein de cette famille portent une vibration qui est d'initier le mouvement. Toutefois, à travers la densité de l'incarnation, il se peut que votre âme vous ait constamment demandé: «S'il vous plaît, permets-moi d'initier le mouvement», cela et que la personnalité ait résisté, ceci jusqu'à l'âge de cinquante quatre ans, pour finalement lâcher prise et choisir d'accompagner sa vision qui est d'initier le mouvement, peu importe la forme. Il n'y a pas de jugement.

Un des tests de l'incarnation pour ces âmes est l'ego ainsi que les distorsions du Maître qu'elles sont: l'attrait du pouvoir, l'attrait de la manipulation. Car selon l'identité de votre famille, le Maître est celui qui dirige, celui qui transmet, qui montre la voie, qui initie le mouvement toutefois dans l'amour et avant tout dans l'humilité. Le Maître n'a pas besoin du titre car il sait qui il est. Dans sa nature, dans toutes les cellules de son enveloppe physique, il est Maître non seulement de sa vie mais bien de tout ce qu'il touche, et ceci est une très grande responsabilité. Certains peuvent le vivre comme un poids, d'autres peuvent refuser, ne point respecter cette énergie et créer une distorsion dans leur action. Pour ces âmes, l'incarnation a une exigence qui est l'engagement. L'âme sait à quelle famille elle appartient, elle connaît sa nature, son identité. Si la personnalité choisit l'errance, l'âme poussera à l'engagement! La force qu'elle amène dans l'incarnation peut faire éclater tout sur son passage, faire sauter toutes les structures, pour permettre l'alignement total.

Maintes entités attendent les Maîtres pour recevoir l'initiation à la Voie. Ces âmes ouvrent le chemin, ce sont des initiateurs, des pionniers. Ces âmes ne doivent pas avoir peur de manifester l'abondance matérielle dans leur vie, car elles ont besoin de cette assise pour semer la Voie. La force du Maître s'exprime tout aussi bien dans le *non faire* que dans l'action. S'il est bien centré, s'il reste calme, ceci a beaucoup d'impact car la force vibratoire qui habite son âme est telle que le Maître pourrait ne dire qu'un seul mot dans sa vie et ce serait le bon, placé au bon moment, pour servir. Tel est le Maître, initiateur de la Voie.

La Famille des Guérisseurs

Il existe aussi une famille très large, très importante, car elle contient beaucoup d'âmes. Elle possède plusieurs noyaux et s'est déjà scindée pour former d'autres familles. Il s'agit de la famille des Guérisseurs. Les âmes qui composent cette famille sont **porteuses du fluide de la guérison et prodiguent la guérison sous toutes ses formes**. Ces âmes ont reçu maintes initiations dans leurs mains, dans leur cœur et dans leur conscience. L'énergie de la guérison est dans chacune de leurs cellules. Elles ne doivent pas tenter de la chercher chez le voisin ou dans une quelconque potion magique; elles la portent. Certains outils l'amplifient et les initiations qu'elles ont reçues augmentent l'expansion, la transmission du fluide de guérison dont elles sont porteuses. Non seulement portent-elles le fluide de la guérison mais elles le canalisent et le répandent. Même si ce fluide agit sans que ces âmes ne fassent rien consciemment pour cela, cette capacité est amplifiée lorsqu'elles en deviennent conscientes. Il est urgent que les âmes qui font partie de cette famille s'éveillent à cette réalité!

Nous avons souvent taquiné les Guérisseurs qui attendaient près de nous, nous questionnant, les mains dans leurs poches! Des Guérisseurs qui ont les mains dans les poches!...

Nous pourrions dire: «Quel gaspillage!». Lorsque ces âmes déposent nonchalamment la main sur un ami, sur une plante, le fluide de la guérison passe et agit. Elles auraient beau avoir toutes les raisons du monde pour tenter de bloquer ce fluide, malgré cela, elles vont activer la guérison.

Il est très aisé de reconnaître les membres de cette famille car ils résistent tous à la guérison. Ils sont nés dedans mais ils ont de la difficulté à la reconnaître, croyant qu'ils doivent aller la chercher à l'extérieur d'eux-mêmes, trouvant que l'autre est beaucoup plus Guérisseur qu'eux. Un des tests qui guettent les âmes incarnées de cette famille est l'ego, l'ego gonflé ou l'ego dégonflé du Guérisseur. Elles se sous-estiment ou se surestiment. Ceci peut constituer un test parce qu'elles transportent le fluide de la guérison qui est un fluide très puissant. Leurs âmes sont très vibrantes, très puissantes grâce à ce fluide et, par le fait même, la personnalité peut facilement récupérer ceci. Toutefois, elles ne sont victimes de rien, cela fait partie de leur apprentissage dans l'incarnation. Ces âmes ne guérissent pas seulement les humains, elles guérissent les plantes, les animaux, les objets que vous pensez inanimés... Elles guérissent tout ce qu'elles touchent! Elles sont les porteuses du fluide de la guérison.

Beaucoup de Guérisseurs souffrent de différentes maladies car ils ne reconnaissent pas ce fluide. Cordonniers mal chaussés! Il est très important pour ces âmes de reconnaître et d'assumer cette réalité, car plus elles éviteront de la reconnaître et plus il y aura risque de se créer des maladies. Résister à ce fluide crée des blocages qui se manifestent dans l'incarnation par des déséquilibres physiques.

Pourquoi cette famille est-elle si importante? Il semble qu'elle soit fort populaire dans l'au-delà. Maintes âmes qui naissent de la Source, étincelles qui prennent l'identité de l'âme, semblent se diriger vers la famille des Guérisseurs et maintes âmes de cette famille ont choisi l'incarnation terrestre dans ce nouveau millénaire. Quel en est le but selon vous? Fort aisé, n'est-ce pas? Se pourrait-il que votre planète ait besoin d'aide?

La Famille des Guerriers Guérisseurs

Ces âmes sont, comme toutes les autres, nées de l'étincelle, de la Source! Elles ont ensuite choisi la famille des Guérisseurs et ont ressenti un appel d'une force telle que, lorsqu'il y a eu scission au sein de cette famille, leur identité s'est regroupée avec d'autres âmes pour créer une famille qui serait responsable de la protection du fluide de la guérison dans l'univers des âmes et dans les autres univers planétaires. Elles sont devenues des Guerriers Guérisseurs. Leur identité est forte. Elles sont, à un niveau, responsables de l'alignement de la guérison là où elles se trouvent, que ce soit dans l'univers des âmes, dans l'univers terrestre, dans l'univers mercurien, arturien... Là où elles s'incarnent, elles **alignent le fluide de la guérison, le protègent et le défendent** s'il y a attaque d'énergie incompatible. Elles agissent là où l'énergie a de la difficulté à pénétrer. Elles ont un grand sens des responsabilités et doivent y faire attention, car ceci peut créer un poids sur leurs épaules et elles peuvent facilement devenir les sauveteurs. Ceci est un des tests de leur incarnation.

En tant qu'âmes incarnées, elles ont besoin d'assises et sont capables de manifester ces assises. Ces âmes utilisent des symboles forts spécifiques: des anneaux représentant ceci, des colliers représentant cela. Elles ont un code entre elles et seraient même du genre à porter des tatouages. Elles sont très solides car elles ont choisi de vivre une initiation qu'elles ont reçue en visitant la famille des Guerriers pour solidifier le guerrier en elles, le Guerrier dans la guérison.

Les Guerriers Guérisseurs sont les protecteurs du fluide de la guérison dans l'Univers. Là où il y a distorsion de l'utilisation de ce fluide, ils sont présents et ils agissent, que ce soit dans l'au-delà ou ici-bas. Ces âmes veillent à ce que le fluide soit canalisé dans l'énergie de l'amour.

La Famille des Chamans

De la famille des Guérisseurs est également née la famille des Chamans. Cette famille est encore en évolution, non totalement stabilisée dans son mouvement car la possibilité d'une nouvelle division existe encore. Ces âmes ont choisi d'accompagner le fluide du chamanisme sur la planète Terre, entre autres choses. Elles équilibrent constamment les fluides de la planète avec les fluides interplanétaires. Elles ne sont pas nécessairement incarnées en tant qu'Amérindiens; le chaman peut aussi bien être Russe, Yougoslave ou Chinois. Il n'existe pas de systèmes de croyances dans l'au-delà. Le Chaman est la vibration que porte l'âme et qui a pour but **d'aider la planète Terre et tous ses éléments à vivre une guérison, à aligner leurs vibrations.**

Ces âmes sont porteuses du fluide de la transformation. Elles ont la capacité de transformer l'enveloppe physique, de transmuter un organe interne et ses cristallisations, de transmuter une plante pour l'utilisation de ses propriétés, toujours dans le but de servir le fluide de la guérison.

Comme leur famille d'origine était celle des Guérisseurs, il est tout à fait normal qu'elles portent en elles ce fluide et l'utilisent dans la transformation et la transmutation de l'énergie de la planète. Les âmes de cette famille sont très nombreuses. Elles peuvent se reconnaître et échanger télépathiquement. Elles ont besoin de s'enraciner dans des lieux très précis pour servir et elles savent utiliser ces lieux pour activer la guérison sur la planète Terre. Si elles savaient totalement utiliser l'identité de leur âme, sans jugement, elles pourraient se déplacer dans le temps et l'espace avec l'enveloppe physique. Par exemple, elles pourraient se manifester dans le désert du Nevada pour une rencontre avec d'autres Chamans. Elles ont cette capacité de transformation et de transmutation dans la densité pour servir le fluide de guérison et le chamanisme.

Une des difficultés qu'elles rencontrent dans leur incarnation est de s'enliser dans la *physicalité*, de devenir trop lourdes! Nous ne parlons pas ici du poids physique, nous parlons de la densité de la personnalité. Elles risquent d'oublier qu'elles possèdent le feu de la transmutation, d'oublier qui elles sont, d'oublier totalement le fluide de guérison qu'elles transportent, d'oublier qu'elles sont des guérisseurs, des transformateurs. Ces âmes utilisent dans leur vie des rituels et des symboles sans même le savoir. Il est urgent qu'elles deviennent conscientes des signes qui sont placés sur leur chemin et qu'elles portent beaucoup plus de respect aux éléments qui les entourent: l'eau, la terre, le feu, le ciel, l'air, les nuages et ainsi de suite.

Le Chaman doit utiliser constamment son enveloppe physique. Elle lui est fort utile dans son incarnation sur la Terre. Nier cela pourrait créer des fuites d'énergie vitale: perte des cheveux, perte des dents, des ongles, problèmes de peau... Ces âmes portent constamment le fluide de la guérison, sont constamment en transformation et leur enveloppe physique leur sert de canal, d'outil.

La Famille des Guérisseurs Enseignants

Nous vous présentons maintenant la famille des Guérisseurs Enseignants. Ces âmes **enseignent la guérison sous toutes ses formes**, *toutes ses formes.* Dans leur incarnation, elles parlent de la guérison, elles enseignent la guérison, peu importe l'identité terrestre. Toutefois, l'ego permet-il ceci? Même si l'ego ne le permet pas, l'âme pousse. Leur identité émane des pores de leur peau car elles existent bien au-delà de l'ego.

La Famille des Guerriers

Cette famille n'est pas originaire de la famille des Guérisseurs. L'essence même du Guerrier est de protéger. Toutefois, l'âme ne s'incarne pas avec une armure. Les Guerriers sont les protecteurs de l'énergie, soit de l'ombre ou de la lumière. Pour ces âmes, les zones grises n'existent pas. Lorsqu'elles le choisissent, elles protègent la vibration de la lumière, elles protègent la vibration de l'âme. Certes, il se peut que vous observiez, dans l'incarnation de ces âmes, que les Guerriers ont tendance à être des sauveteurs dans l'apprentissage terrestre. Mais lorsque l'âme du Guerrier se reconnaît au-delà de la troisième dimension, elle agit sans vouloir sauver la planète en entier.

Ces âmes ont besoin de l'incarnation, qu'elle soit terrestre ou autre. Elles ont à manifester la compassion à travers la densité de la planète sur laquelle elles s'incarnent. L'action de cette famille est **de défendre, de travailler, d'agir pour parer l'ombre et de protéger l'univers des âmes**. Cette action est grandiose, c'est une action d'amour total, enraciné toutefois. Maintes âmes de cette famille oublient leur origine céleste, se transforment en «body-guard», prennent des armes, entrent dans la deuxième dimension et s'y perdent!

Vous allez reconnaître facilement les Guerriers car ils ne sont pas très sociables. Ils ont tendance à être bourrus et à se refermer dans leur cuirasse. Toutefois, ils sont toujours prêts à défendre, même à sauver. Vous retrouverez aussi maintes âmes de cette famille dans les arts martiaux, car ces arts portent l'énergie de guerrier propre à leur famille. Toutefois, le cœur est présent. C'est pourquoi l'incarnation est très délicate pour la famille d'âmes des Guerriers et en même temps, elle est un très grand passage. Même si vous ressentez que la personnalité a immédiatement créé des cuirasses chez ces âmes, elles sont remplies d'amour. Ceci fait partie de leur apprentissage qui est de maintenir cette énergie d'amour, tout en étant le guerrier, le défenseur, le protecteur, le gardien du seuil.

La Famille des Alchimistes-Fées

Dans l'univers des âmes, il existe aussi une famille très particulière. Il s'agit de la famille des Alchimistes-Fées. Ces âmes s'incarnent sur la planète Terre pour **spiritualiser la matière**. Certaines d'entre elles, nous les avons rencontrées, sont très près des anges, car leur densité, même si elles sont dans le nucléus de leur famille, n'est pas très dense. Ces âmes sont fort légères. Elles peuvent sembler papillonner dans leur vie. Elles ont beaucoup de difficultés à intégrer leur enveloppe physique et résistent souvent à l'incarnation.

Elles ont la capacité, dans la *physicalité*, de dématérialiser tout ce qu'elles touchent. Elles pourraient passer à travers les portes avec l'enveloppe physique; c'est ce qui explique pourquoi elles ont tant de difficultés avec les clefs ou avec les poignées de portes, car elles oublient qu'elles n'en ont pas besoin. Elles spiritualisent tout ce qu'elles touchent, elles en élèvent directement le taux vibratoire. Lorsqu'il y a densité, l'Alchimiste-Fée agit par la diffusion des ondes qui émanent de son corps. Dès les premiers instants de leur incarnation, elles débutent leur action.

Ces âmes peuvent vous sembler dans la lune, totalement absentes dans l'incarnation; telle l'image que vous avez des fées. Elles ont choisi l'incarnation, non pas qu'elles aiment la densité, tout au contraire: elles sont présentes pour aider à transmuter la matière. Nous pourrions dire qu'elles sont des *transmutateurs* vivants. Elles ont la capacité de dématérialiser maintes choses sans même le savoir, et elles ont en bout de ligne l'impression d'avoir perdu ces objets. Nous vous taquinons mais cet exemple, bien que poussé à l'extrême, est très près de leur réalité. Elles ont aussi l'impression d'être enracinées alors qu'elles planent. Elles ont de la difficulté à départager ce qui est en haut de ce qui est en bas. Ainsi, leur principale difficulté dans l'incarnation est justement de s'incarner. Toutefois, sachant qui elles sont, elles peuvent utiliser leur pouvoir et ainsi agir dans la guérison, dans la communication, dans tous les métiers, toutes les professions du monde. Elles peuvent transmuter tout ce qu'elles côtoient, la transmutation étant de prendre un état vibratoire et de l'activer d'une façon telle qu'il perde son identité pour se fondre au principe divin. L'amour est l'outil ultime de la transmutation.

Pourquoi ces âmes sont-elles présentes dans l'incarnation en cette fin de millénaire? Elles ont un enseignement télépathique, verbal et oral à transmettre qui est: «Éveillez-vous chères âmes, vous pouvez spiritualiser la matière!». Tel est le but de leur existence, telle est leur réelle identité.

La Famille de la Communication

Ces messagers **communiquent, ils transmettent l'amour en s'exprimant sous une multitude de formes**: l'art, la chanson, les écrits, le théâtre... Ils sont très nombreux en ce moment sur la planète Terre. Vous en retrouvez dans tous les métiers, dans toutes les professions: écrivains, poètes, journalistes, chanteurs... Ces âmes se reconnaissent, entre autres à l'effet qu'elles n'ont pas d'attachement à la *physicalité*. Ceci ne veut pas dire qu'il n'y a pas, pour certaines d'entre elles, une forme d'attraction aux biens matériels. Toutefois, la majorité des âmes qui sont de cette famille n'ont qu'un seul et unique but: communiquer, rendre le message accessible, peu importe la forme, que ce soit à travers le chant, la danse, les arts, l'écriture... Tout est bon pour communiquer.

Ces âmes sont aussi reconnaissables au fait qu'elles ne sont pas nécessairement très enracinées et, à cause de cela, elles peuvent facilement se perdre à travers les drogues. Elles ont une forme de légèreté qui n'aide pas l'incarnation. Pour elles, la *physicalité* importe peu. Ce qui importe le plus est l'art de la communication et l'expression artistique. C'est pourquoi vous retrouvez au sein de cette famille maints artistes qui, à travers les périples de l'incarnation et de la personnalité, oublient qu'ils sont avant tout des Communicateurs, non pas nécessairement sous la forme que vos sociétés le croient.

La Famille des Enseignants

Ces âmes enseignent, elles enseignent tout ce qui peut-être enseigné, toutes les formes de connaissances, d'expériences.

Elles enseignent l'amour, la lumière, la perte des illusions, l'écoute, l'importance de l'expérience du moment présent... C'est une famille qui possède deux nucléus*, deux filtres*, un équilibre* et deux bandes périphériques*. Toutefois, cette famille est stable mais éventuellement elle aura à se scinder, créant ainsi deux familles qui deviendront stables à leur tour. Certaines âmes choisiront de vivre cette division pour offrir une action encore plus précise et directe. Associée à l'évolution de cette planète, nous pouvons vous dire que cette subdivision pourrait se produire entre les années 2020 et 2040.

Les âmes de cette famille **possèdent et transmettent le fluide de la connaissance**. Ce fluide est directement associé à leur identité. Elles ont, en tant qu'âme incarnée, une recherche constante de vérité, de connaissances et un très grand besoin de transmettre. Elles sont également **les gardiens de la connaissance** qui est transmise sur les différentes planètes. On pourrait les appeler «les gardiens du seuil». Cette famille gère le bagage, l'accumulation de la connaissance dans tout l'univers. Elles ont une très grande capacité d'aller consulter, au niveau de leur psyché, les tables akashiques, là où sont logés maints niveaux de connaissances. Sur la planète Terre, vous allez retrouver des êtres qui étudient la numérologie, la Cabale, les anciennes écritures telles le Sanscrit, tout ceci dans un but de transmettre ces connaissances.

Éventuellement, si la transmission de la connaissance évolue d'une façon difficile et devient *distorsionnée*, il se peut que cette famille ressente le besoin de se scinder et de créer une famille qui aurait comme action de devenir des Guerriers du fluide de la connaissance, tout comme il existe les Guerriers du fluide de la guérison.

---

* Ce terme sera expliqué en profondeur au chapitre 3.

Ces âmes sont faciles à reconnaître. Pour elles, enseigner les remplit d'une très grande énergie de joie, car c'est leur action, peu importe la forme. Elles n'ont pas besoin d'une étiquette d'enseignants; elles le sont naturellement, canalisant constamment le fluide la connaissance. Ainsi, lorsqu'elles s'ouvrent à l'identité de leur âme, elles peuvent recevoir maintes informations inconnues sur la planète Terre, et les transmettre. Elles ne doivent pas hésiter à canaliser la connaissance et à la retransmettre. Pour ce faire, elles n'ont qu'à canaliser le fluide qui habite leur âme.

Nous aimerions ajouter que dans la *physicalité*, ces âmes ont parfois besoin de manifester des lieux physiques pour donner leurs enseignements. Ainsi, si vous ressentez ce besoin, ne le jugez pas et manifestez-le.

La Famille des Passeurs

Cette famille d'âmes provient d'un détachement, d'une scission de la famille des Guérisseurs. Toutefois, elle n'est plus du tout associée aux Guérisseurs. C'est une famille qui est maintenant fort stable et cette stabilité est essentielle à son action. Les Passeurs ont une action fort spécifique: **Dans l'au-delà, elles aident les âmes dans le passage des différents sas vibratoires qu'elles ont à traverser**. Elles sont très près des sas angéliques et archangéliques, du sas des Maîtres Ascensionnés et sont aussi très près des étincelles. **Ici-bas, elles assistent les différents passages que vous pouvez rencontrer sur votre planète: le passage de l'enfance à l'adolescence, le passage d'un emploi à l'autre, le passage du millénaire, le passage de la mort...** Elles assistent et facilitent l'expérience du passage qui est un temps d'évolution spécifique.

Les âmes qui la composent n'ont vécu qu'un sas vibratoire. C'est pourquoi leur identité est moins forte que l'identité de bien d'autres âmes, car elles doivent constamment maintenir la transparence nécessaire pour assumer leur fonction dans l'au-delà, soit d'aider les âmes à passer d'étincelle à âme, à affiner leur identité.

Les Passeurs aident également la famille des Chamans dans l'équilibre des transformations, des passages dans l'univers des âmes. Ils sont fort occupés. Ces âmes ont la capacité d'être souvent en communication avec l'au-delà, et certes la nuit est le temps préférentiel à ceci. Dans l'incarnation, elles peuvent dire «J'ai travaillé très fort cette nuit!», et elles ont raison car elles sont constamment en action. D'où l'importance de faire attention à leur enveloppe physique car elles travaillent jour et nuit.

Elles ont aussi très souvent la nostalgie de l'au-delà. Certaines ont même de la difficulté à gérer cet état et peuvent s'y perdre. Elles vont utiliser les drogues ou d'autres substances abusives pour contrecarrer cette nostalgie, ne sachant quoi en faire. Maintes d'entre elles ressentent souvent le désir de quitter et même de retourner à l'état de pure étincelle, car l'identité vibratoire de l'âme ne les intéresse pas vraiment. Elles côtoient constamment le monde de la non-identité, le néant divin, et ceci peut être confondant, surtout lorsque l'âme est incarnée. Comme elles sont très fluides, certaines d'entre elles vont tenter de développer une pesanteur de l'enveloppe physique pour éviter de ressentir ce flottement de leur âme. Elles ont besoin de s'enraciner pour réaliser le Passeur qu'elles sont au plus profond d'elles. D'autres vont avoir l'enveloppe physique très, très mince, même transparente, et devront tenter de maintenir l'enracinement à travers leur faible poids physique.

Dans leur identité vibratoire, ces âmes possèdent toutefois cette très grande qualité: vouloir aider constamment les âmes. Dès que quelqu'un a besoin d'elles, appelez-les et elles seront présentes. Elles ont une très grande disponibilité, nuit et jour, à aider les âmes et c'est ce qui explique pourquoi certaines d'entre elles se perdent dans le rôle de sauveteur. Il est très aisé pour les Passeurs d'attirer des âmes qui errent, qui n'ont pas d'identité ou qui l'ont perdue. Ces âmes viendront vers elles car elles les reconnaissent de l'au-delà: ce sont elles qui les ont aidées dans l'affinement de leur identité vibratoire. Ce sont des Passeurs d'amour et seul l'amour les nourrit. Tout le reste importe peu.

La Famille des Initiateurs de Conscience

Ces âmes viennent pour une courte action. Elles viennent provoquer un éveil de la conscience sur la planète où elles ont choisi de s'incarner. Elles n'initient point un mouvement si ce n'est celui de la conscience. Elles viennent tout simplement éveiller la conscience et elles le font par leur départ souvent spectaculaire. Elles reviennent et elles quittent à nouveau.

Ces âmes sont présentes dans les passages de masses, dans les lieux où il y a des tremblements de terre, des accidents, des tornades... Elles **initient des mouvements de conscience par leur passage et leur départ de la planète Terre**. Elles font partie des tragédies où les êtres sont tués ou torturés en masse, quittant la Terre par des phénomènes très durs, très violents. Ces âmes choisissent cela pour éveiller la conscience des humains.

Ceci peut sembler pure folie pour une conscience fermée, n'est-ce pas? Toutefois, élargissez votre conscience. Ces âmes viennent servir l'évolution de votre planète.

La Famille des Piliers

Il existe une famille dont les âmes sont appelées les Piliers. Elles ne sont pas très nombreuses à être incarnées en ce moment sur votre planète. Celles qui le sont, sont en constante communication avec d'autres planètes. La densité de ces âmes est très forte. Lorsqu'un Pilier (nous parlons de l'âme dans l'enveloppe physique) est assis à côté de vous, vous ressentez immédiatement sa présence. Ces âmes viennent **enraciner les plans célestes dans la profondeur de la Terre, recréer les connections entre les différents sites sacrés de la planète** et, sans même que la personnalité le sache, l'âme agit.

Ces âmes agissent partout où il y a matière, où il y a planète. Elles sont très occupées et n'ont pas fini de l'être car elles sont constamment en équilibre, en lien, stabilisant les énergies, créant de nouveaux circuits énergétiques, surtout sur les planètes qui vivent des passages importants, comme la vôtre en ce moment. Là où elles sont, elles viennent enraciner l'énergie de l'au-delà ici-bas. Elles enracinent constamment les vibrations de la Source.

Ces âmes s'incarnent dans des lieux très stratégiques de la planète et agissent comme Piliers. Dans leur domicile, elles créent, elles canalisent et elles organisent les méridiens interplanétaires. Quelquefois, elles ont de la difficulté à changer de lieu car elles ont une action très précise là où elles ont choisi de s'incarner. Et quelquefois, elles vont aller vers des lieux très précis qui ont besoin d'elles. Il se peut fort bien que l'ego ne comprenne pas pourquoi soudainement l'âme pousse pour se rendre au Yucatán ou au Tibet.

Une des difficultés de leur incarnation se situe au niveau de leur enveloppe physique. Comme leur corps est très sollicité par leur action, ils doivent être vigilants, en terme d'équilibre nutritionnel: apport en minéraux, en protéines, en vitamines et en acides aminés. Ceci est très important!

Cette famille possède quinze nucléus, ce qui instaure une forme de très grande force de mutation et de transmutation. Elle ressemble à un vaisseau. À un moment très précis, il y aura scission. Toutefois, ce n'est pas encore le temps. Les Piliers se promènent au travers des familles d'âmes et surveillent les mouvements d'énergie. Ils sont constamment en communication avec l'univers des étincelles. Ils «patrouillent» la périphérie de l'univers de toutes les familles d'âmes. C'est pourquoi la famille a besoin d'autant de nucléus pour se propulser dans l'Univers.

Lorsque ces âmes choisissent l'incarnation, elles ont besoin d'une densité physique. Souvent les corps sont stables, car ils ont besoin d'une force musculaire et osseuse exceptionnelle, très différente des autres enveloppes physiques. Ces âmes ont besoin de la *physicalité* et savent très bien comment utiliser la matière, comment la manipuler, comment la transmuter. À un niveau, elles ressemblent à des Chamans, toutefois elles ne sont pas Chamans. À un autre niveau, elles ressemblent à des Guérisseurs, mais elles ne sont pas Guérisseurs. Leur action est une action de guérison des planètes, des univers interplanétaires, interstellaires. Elles établissent des réseaux qui permettent aux fluides, tel le fluide de la guérison, le fluide de la connaissance, ainsi qu'aux rayons, de passer et d'agir sur les planètes et sur les étoiles. Les Piliers connaissent l'univers des familles d'âmes par coeur car ils ont la capacité de recevoir leurs fluides et de les aider à descendre vibratoirement, facilitant ainsi leur manifestation dans la densité des planètes. Ce sont les gardiens de cet univers.

La Famille des Mécaniciens

Il existe une famille pour laquelle nous n'avons pas vraiment trouvé de terme terrestre pour la nommer et avons choisi de la baptiser les Mécaniciens. Ces âmes viennent réparer la planète. **Ce sont des réparateurs** ou plutôt **des agents de guérison dans la mécanique et dans la réparation de certains circuits du tissu planétaire**. Elles sont souvent accompagnées des Piliers ou des Chamans dans leur famille terrestre. Par exemple, il se peut que dans une famille terrestre les parents soient des Mécaniciens et que certains enfants soient Chamans et d'autres Piliers, et qu'ensemble ils agissent.

Ces âmes viennent s'occuper du sol terrestre, des éléments contenus dans le sol, de l'air, de l'atmosphère, d'où le nom «Mécanicien». Elles peuvent exister à travers une identité terrestre qui soit très éloignée de ceci. Toutefois, vous allez souvent les retrouver le nez près du sol. Elles ont ce grand besoin de s'occuper de la terre, de planter des arbres là où il n'y en a plus. Dans l'au-delà, les Mécaniciens réparent cette forme d'énergie qui englobe tout, telle une forme de voile magnétique faisant partie des univers de conscience. Les âmes appelées Mécaniciens vont réparer, s'il y a blessure, ce tissu énergétique qui est composé des différents fluides.

Cette famille n'a qu'un nucléus: elle est fort stable. Elle agit beaucoup avec la famille des Chamans. Son action sera très près de la leur, sans nécessairement s'y associer. Il y a plusieurs âmes de cette famille présentement incarnées sur la Terre. Vous pouvez retrouver des membres de cette famille dans les groupes qui œuvrent pour la protection de l'environnement, de la couche terrestre, des forêts... Certaines de ces âmes agissent dans la guérison, d'autres dans la communication, d'autres dans l'écriture. Toutefois, elles ressentent toutes une urgence d'agir dans une action pour aider la planète à se restaurer. Pour ces âmes, la *physicalité* est très importante, non pas dans un sens d'appât des biens matériels mais bien dans le sens de vivre sur la planète qu'elles habitent. Ce sont des amoureux de la Terre. Elles reçoivent jour et nuit des informations sur la planète qu'elles habitent, ainsi que des informations des autres planètes habitées par leurs frères et sœurs de lumière. Nous leur disons «N'hésitez pas à recevoir ces messages, ne les bloquez pas!».

À quelle famille appartenez-vous? Que ressentez-vous au plus profond de vous-même? Cela soulève-t-il des doutes? Attention! Ne tentez pas de vous identifier à la profession que vous avez choisie dans cette incarnation, ou à ce qui ressemble à un mouvement de votre action, mais plutôt à la poussée, à l'appel de votre âme.

Vous faites partie d'une seule de ces familles et vous ne pouvez pas faire partie de plusieurs. Selon la position que vous occupez au sein de votre famille, il se peut que vous ressentiez que vous apparteniez à toutes. Ne jugez pas ce ressenti. Toutefois, nous vous disons que vous n'appartenez qu'à une seule famille. Quelle est-elle? *Quelle est-elle?*

Toutes ces familles se connaissent. Dans l'au-delà, elles communiquent constamment entre elles. Elles communiquent aussi sur la planète, malgré les personnalités, malgré l'identité terrestre, malgré les expériences, les blessures et ainsi de suite. Car, dans votre enveloppe physique, au cœur même de vos chakras, dans la profondeur de votre canal, existe la vibration de votre famille. Cette vibration n'est pas terrestre, elle est céleste.

Ne tentez pas de trouver votre identité immédiatement. De toute façon, vous savez déjà qui vous êtes. Vous n'avez qu'à laisser vibrer votre âme. Et pour ce faire, nous suggérons que vous reposiez vos épaules, que vous vous installiez confortablement et que vous respiriez. N'oubliez pas de respirer. Permettez à vos hémisphères de vivre une expansion de conscience, laissez votre système nerveux se détendre, car en ce moment, il se peut que vous soyez sur le qui-vive.

Nous allons bientôt vous guider dans une expérience de reconnaissance de votre famille. Ne laissez pas l'énergie de votre mental vous harceler avec la question «Quelle est ma famille? Quelle est ma famille?...», les épaules tendues. Détendez-vous et allez vous asseoir dans votre cœur. Acceptez qu'il peut y avoir des résistances à cette reconnaissance profonde.

Pourquoi la personnalité résisterait-elle à l'identité de l'âme? Lorsque l'âme s'incarne, elle retrouve son karma, elle retrouve la mémoire de toutes ses vies dites antérieures. Imaginez une âme qui appartienne à la famille des Guérisseurs et qui fut, dans maintes incarnations, brûlée sur le bûcher, torturée, punie d'avoir pratiqué la guérison. Par le fait même, si l'identité profonde de l'âme est «Guérisseur», il se peut fort bien que la personnalité s'écrie: «Oh là! Guérisseur? Non merci! Je ne veux pas souffrir ni être rejetée par ma famille terrestre». Les peurs sont présentes, et ces peurs, ces mémoires, peuvent créer un voile entravant la reconnaissance de votre identité profonde. C'est pourquoi nous vous disons d'accueillir vos résistances et, s'il y a lieu, de les envelopper d'amour et de lumière.

Il existe un mantra que nous vous avons présenté auparavant pour inviter votre âme à émaner: c'est le **AUM**. Vous êtes cette âme. Toutefois, si vous n'arrivez pas à reconnaître sa vibration, si vous n'arrivez pas, à travers vos sens, à bien la ressentir, nous vous invitons à pratiquer ce mantra, à le chanter. Il vous guidera dans les retrouvailles avec votre âme, dans la reconnaissance de sa couleur, de sa vibration et de son identité.

Lorsque vous chantez ce mantra, vous appelez aussi télépathiquement votre famille d'âmes à travers la chaîne vibratoire du son. Tous ces liens sont présents entre vous sur la planète Terre. Entre les âmes d'une même famille, il existe un réseau, comme des méridiens vibratoires; entre les familles, des réseaux encore plus vastes existent. Ceci pourrait ressembler à l'Internet vibratoire des familles d'âmes, autoroute par laquelle elles peuvent communiquer télépathiquement. Vous êtes totalement reliés.

Lorsque vous cherchez à établir ce contact dans l'amour et dans la lumière, vous aidez toutes les âmes de votre famille, et plus particulièrement celles qui ont choisi l'ombre. Il ne faut pas juger les événements qui se produisent en ce moment sur votre planète car lorsque vous jugez ceux qui persécutent, il se peut que le persécuteur appartienne à votre famille. De ce fait, vous dirigez la haine au sein même de votre famille et vous nourrissez l'ombre, d'où l'importance de ne pas juger et de diriger l'amour sans créer de séparation: l'amour pour les bons et non pour les méchants. Nous vous invitons à élargir votre cœur et votre conscience.

EXERCICE

Nous allons maintenant vous guider dans une expérience. Nous vous invitons à utiliser votre souffle divin, votre respiration, pour unir vos chakras supérieurs à vos chakras inférieurs, unir les plans célestes aux plans terrestres, unir votre âme à votre personnalité. La respiration unit, crée le lien, crée la communion. Ainsi, inspirez profondément et expirez sans forcer le souffle. Laissez le souffle être, et consciemment unissez la lumière des plans supérieurs de conscience à la lumière des plans inférieurs de conscience.

Unissez, par votre respiration profonde, le côté gauche et le côté droit de votre corps. Unissez le yin et le yang en vous-même. Unissez l'homme et la femme que vous êtes. Unissez votre âme à votre personnalité. Unissez l'étincelle, la divinité à votre identité. Par le souffle, unissez votre condition humaine à votre condition divine.

Déposez votre main droite ou votre main gauche à quelques centimètres au-dessus de votre thymus, alignée avec votre coeur, mais au centre de votre sternum. Ressentez la vibration de votre âme.

Maintenez le souffle, laissez tous vos sens vous communiquer qui vous êtes. Ressentez, entendez, contemplez votre teinte vibratoire, votre famille, votre identité. Ressentez l'énergie de votre coeur, ressentez l'énergie de votre conscience. Laissez votre main se déplacer à votre rythme entre votre troisième œil et votre sternum, dans la vibration de votre âme. Ressentez la présence.

Chantez le **AUM**. Laissez vibrer ce son dans chacune de vos cellules. Laissez votre âme émaner à travers ce mantra.

Chuchotez maintenant.

Qui appelez-vous? Reconnaissez! Reconnaissez votre parfum, votre couleur, votre identité. Unissez-vous. Consciemment, énergisez les liens qui vous unissent à votre famille d'âmes. Alignez votre incarnation. Alignez la vision que vous portez au sein même de votre âme, de votre essence, dans la divinité.

Laissez les vibrations de l'amour et de la lumière circuler en vous. Reconnaissez la force de votre identité, la force d'amour du Guerrier, du Guérisseur, du Maître, de l'Alchimiste-Fée, de l'Enseignant, du Communicateur, du Guérisseur Enseignant, du Chaman, du Guerrier Guérisseur, du Pilier, du Mécanicien, de l'Initiateur de Conscience, la force souple, la force fluide.

Vous pouvez en tout temps chanter ce mantra; dans votre douche, dans votre salon, dans votre véhicule terrestre, dans votre groupe de prière et de méditation. Vous pouvez le transmettre. Ce mantra est un appel à votre âme, un appel d'expression, un appel à votre famille, un appel de communion dans la vibration d'amour et de lumière que vous portez. Cet appel est fort important pour aligner l'énergie de ce nouveau millénaire. Plus les âmes se reconnaissent, reconnaissent leur identité, plus elles peuvent agir dans l'incarnation.

Vous pouvez aussi communiquer télépathiquement avec votre famille, tout comme les familles peuvent communiquer entre elles. Vous le faites constamment sans toutefois en être conscients. Dans la *physicalité*, vous avez besoin d'ancrer la communication par le téléphone, par l'autoroute électronique. Toutefois, n'oubliez pas la télépathie et établissez le contact avec votre famille. Soyez sans crainte, elle vous répondra.

QUESTIONS

Q: En regardant l'action que je mène depuis quelques années, je me sens tout aussi à l'aise dans la famille des Guérisseurs que dans celle des Enseignants, tout comme je me reconnais dans la famille des Maîtres. Comment être certaine de savoir à quelle famille j'appartiens réellement?

R: Certes, vous venez de nommer maintes possibilités en vous. Toutefois, il y a une voie vers laquelle vous pouvez choisir de vous aligner. Si vous n'êtes pas capable de la vivre maintenant, soyez sans crainte, ceci viendra dans les jours à venir. Choisissez pour l'instant la famille qui semble vous correspondre le plus.

C'est un peu comme si vous aviez à choisir l'université et ses différentes disciplines, n'est-ce pas? Toutefois, ceci se vit à un autre niveau. Il existe maintes possibilités de confusion, car il y a une différence entre, par exemple, sentir que vous êtes dans la maîtrise, sentir le Maître en vous, et être dans la famille des Maîtres. Totalement différent! Car les âmes qui sont dans la famille des Maîtres, oublient qu'elles sont Maîtres et pratiquent constamment cette action. Ceux qui sont dans la famille des Guérisseurs, oublient qu'ils sont Guérisseurs et pratiquent l'action juste. La famille d'âmes est innée en vous. Certes, ceci exige un niveau d'épuration pour vraiment vous y joindre, vous fondre à votre vision intérieure, à votre identité profonde. Si, en ce moment, ce choix est difficile à faire, ne forcez pas; accueillez la tristesse et la confusion qui en sont soulevées. Ceci démontre tout simplement que vous n'êtes pas encore totalement alignée. Si vous avez peur de vous tromper, ceci provient de votre personnalité ou des mémoires que vous portez. Reconnaissez ceci et faites place à votre divinité.

Nous ne tentons pas de vous donner une étiquette à porter sur votre front: «Famille des...». Nous vous disons que votre famille est innée en vous. Vous agissez constamment selon ce que vous êtes sans même vous en rendre compte, sans même vous souvenir que vous l'êtes! C'est la puissance de votre identité vibratoire au sein de votre famille. C'est la puissance de l'action juste, de l'appel de l'âme qui vous demande, avec la personnalité et la psyché, d'agir selon qui vous êtes! Cet enseignement a pour but de vous aligner! Si vous êtes confus, ne jugez pas! Accueillez, et demandez l'alignement!

Q: La famille des Guérisseurs est-elle stabilisée maintenant? A-t-elle encore à vivre des scissions?

R: Le mouvement de la famille de Guérisseurs n'est pas totalement stabilisé. Vous n'avez qu'à contempler les guérisseurs de la planète Terre en ce moment! Tout se tient...

Q: Existe-t-il un lien entre les Piliers et les Guerriers Guérisseurs?

R: Certes! Les Guerriers Guérisseurs sont les protecteurs du fluide de la guérison, fluide qui provient de maints rayons: le rayon violet, le rayon or, le rayon argent et d'autres que nous n'avons pas encore la permission de nommer. Dès que ces rayons touchent la planète, le fluide de la guérison émane et les Guerriers Guérisseurs en sont les protecteurs. Par le fait même, ces âmes communiquent aussi avec les Piliers, car ce sont eux qui permettent d'enraciner ces énergies sur votre planète.

Q: Vous dites que les âmes qui font partie de la famille des Enseignants peuvent avoir accès aux mémoires akashiques. Comment?

R: Par leur canalisation. Elles ont la capacité de quitter leur enveloppe physique et de se rendre dans le lieu où se trouvent les mémoires akashiques! Elles font partie des âmes qui sont immédiatement accueillies au seuil. Toutefois, il s'agit pour ces âmes de développer la capacité de s'y rendre... Si elles le choisissent et appellent ceci, elles rencontreront sur leur chemin de vie des êtres qui pourront les guider dans des rituels précis pour aller plus directement dans ces lieux. Il existe bien d'autres lieux où sont logés des niveaux de connaissance dans l'au-delà. Ces âmes y ont également accès car elles sont les gardiens de cette connaissance, elles en possèdent le fluide en elles-mêmes.

Q: Existe-t-il un lien entre les gens qui se suicident et leur type de famille d'âmes?

R: Non point. Toutes les familles ont des âmes qui choisissent de quitter très rapidement la planète, sous toutes sortes de formes. La Source ne juge pas ces actes. En ce moment la densité ne fait qu'augmenter sur votre planète. Vous le ressentez, n'est-ce pas? Par le fait même, certaines âmes disent: «Cela est suffisant. Je ne veux plus vivre ainsi. Au revoir!», et elles quittent. Il leur sera à nouveau présenté le choix de s'incarner pour compléter ce qu'elles étaient venues faire. Le temps n'existe pas dans l'au-delà.

Q: Les Alchimistes-Fées peuvent-elles guérir?

R: Les Alchimistes-Fées peuvent guérir, certes! Elles peuvent porter le fluide de la guérison. Toutefois, le but premier de leur incarnation est de spiritualiser la matière. C'est pourquoi, au sein de la famille terrestre, elles sont souvent en situation d'aider les conflits de la famille car l'essence même de l'âme, son identité, est de spiritualiser la matière, spiritualiser les problèmes, les conflits et ainsi de suite, d'en élever le taux vibratoire.

Q: Existe-t-il une famille d'âmes qui a pour mission de faire l'accompagnement aux mourants?

R: Certes, ces âmes sont les Passeurs. Elles s'occupent de toutes les formes de passage, entre autres celui que représente la mort. Elles accompagnent les passages dans l'incarnation terrestre, tout comme elles accompagnent ceux qui se vivent dans l'au-delà. Telle est leur action. Tel est le but de leur incarnation.

Q: Lorsqu'on a l'impression d'appartenir à la famille des Guérisseurs mais qu'en même temps on ressent les énergies de la famille des Chamans, cela signifie-t-il qu'au début on appartenait à la famille des Guérisseurs et que lorsque cette famille s'est scindée, on a quitté la vaste famille pour se diriger vers la nouvelle qui prenait l'identité des Chamans?

R: Définitivement! C'est pourquoi, si vous appartenez à la large famille des Guérisseurs qui s'est déjà scindée suite à l'évolution de l'univers des âmes, il est quelquefois difficile de repérer là où vous êtes présentement.

Q: Vous nous avez dit que les familles possédaient des codes qu'il serait important de retrouver. Pouvez-vous élaborer sur ce sujet?

R: Chacune des familles possède des symboles qui unissent les âmes ensemble. Ils peuvent être entre autres sur l'enveloppe physique et même au niveau des organes internes. Ces symboles vibratoires, et même physiques, sont des points d'ancrage des fluides énergétiques que vous possédez au sein de votre famille. Il est urgent que vous reconnaissiez ces symboles, que vous les réactiviez. Ils sont comme une forme d'empreinte vibratoire. Par le fait même, la cellule de l'enveloppe physique porte cette vibration. Pour les entités dont la capacité psychique du troisième oeil est très développée, vous pouvez le lire. Vous pouvez aussi lire la position dans la famille. Car tout est là. Vous portez constamment qui vous êtes.

Q: Vous êtes en train de nous dire que l'on reconnaît quelqu'un de notre famille à sa vibration?

R: Nous venons de le dire et nous le redisons. Toutefois, nous ajoutons que non seulement il y a reconnaissance des fluides, mais qu'il y a aussi reconnaissance des points d'ancrage. Lorsque vous vous êtes incarné, vous portiez le fluide de votre famille. Ce fluide s'est ancré sous forme de symbole dans votre enveloppe physique et énergétique. Vous portez votre identité.

Q: Si on ne perçoit pas les vibrations, si notre troisième œil n'est pas ouvert, comment fait-on pour reconnaître ces symboles?

R: Suivez votre intuition.

Q: Quel est le rôle de ces symboles?

R: La reconnaissance, l'éveil de la vibration de votre famille dans l'incarnation.

Vous êtes incarné, n'est-ce pas? Vous êtes constamment à danser dans le taux vibratoire de la densité de votre planète. Et comme vous portez le fluide de votre famille, le fluide de votre âme, ce fluide est constamment en mouvance à travers la densité terrestre. Plus vous reconnaissez les membres de votre famille, plus ces fluides s'intensifient et plus il est possible d'activer ces points d'ancrages qui sont semblables à des méridiens télépathiques vous unissant au sein même de votre famille. Tout ceci peut s'allumer, s'intensifier, s'activer, et ainsi vous créez plus aisément le regroupement de votre famille d'âmes. Vous êtes venu sur la planète Terre dans un but qui est bien au-delà de votre vie dite personnelle. Par le fait même, ces liens sont très importants, *très importants*.

Q: Si on ne reconnaît pas l'identité de notre âme, si on n'utilise pas ce que nous sommes dans l'action de notre incarnation, est-ce possible que l'enveloppe physique se retourne contre elle-même? Que l'outil se retourne contre l'outil?

R: Certes! L'énergie vitale fuit. Vous avez tous, au sein de votre âme, une énergie vitale d'une très grande force. Vous devez devenir conscients de votre identité céleste pour utiliser cette énergie dans l'action juste.

Q: À quel niveau, si nous pouvons utiliser ce terme, se situent les groupes tels les Anges, les Archanges... Forment-ils des familles spéciales?

R: Nous sommes pures essences. Nous ne possédons pas une forme vibratoire appelée âme. C'est pourquoi nous ne pouvons pas nous incarner comme vous. Vous avez la capacité d'aller vivre sur telle et telle planète alors que les Anges, les Archanges et les autres étincelles n'ont pas cette possibilité. Nous n'avons pas d'identité vibratoire semblable à la vôtre. Nous n'avons pas cette densité vibratoire appelée âme qui est nécessaire pour vivre l'incarnation. Nous avons la possibilité, en tant qu'étincelles, d'approcher constamment les plans terrestres, les plans qui sont tout autour de la planète Terre. Toutefois, pour descendre à travers la densité, nous devons soit utiliser une forme médiumnique ou manifester, nous dirions, une forme d'enveloppe énergétique qui peut être vue comme humaine mais qui ne l'est pas.

Certains humains, certaines âmes incarnées nous voient et voient les ailes, voient une nuée de vibrations. Ceci est le maximum de la manifestation. En tant qu'étincelles, nous pouvons créer cette forme de mirage vibratoire pour faire ressentir notre présence. Nous n'avons pas la possibilité, comme vous, de nous incarner, de passer à travers l'utilisation d'une enveloppe physique pendant une période d'incarnation terrestre.

Q: Comment connaître le test d'incarnation relié à chaque famille pour nous aider à en être plus conscients dans notre vie?

R: Ce que chacune des familles rencontre est directement relié à sa mission. Vous n'avez qu'à imaginer la famille des Enseignants. Si l'âme qui enseigne, qui transmet la connaissance, peu importe la forme, se prend au sérieux, dans ce sens que si l'ego s'identifie à cet enseignement, ceci serait appelé le soi-disant test. Ainsi le test, peu importe le rôle des familles et leur action, est que l'ego s'empare de l'identité de l'âme et en crée une édification, une structure rigide dans laquelle il se perd.

Chapitre 3

Quelle position occupez-vous ?

Qui êtes-vous ? Quelle est votre identité réelle, l'identité profonde de votre âme ? Sa position au sein de la famille influence constamment votre incarnation.

Nous allons maintenant vous décrire une famille. Non pas une famille terrestre, telle que vous la connaissez, mais bien une famille d'âmes. Dans cette description, vous allez à nouveau vivre l'expérience de la prise de conscience que ce qui est en bas est comme ce qui est en haut, et ce qui est en haut est comme ce qui est en bas. Il n'y a pas de séparation.

Lorsque vous étiez dans l'au-delà, après avoir [illegible]ait le choix de votre famille, vous avez ensuite choisi la [illegible]sition que vous alliez occuper au sein de cette famill[illegible]ce, toujours dans le but de servir la Source. Vous [illegible] constamment cet emplacement. Il a dirigé toute [illegible]e, même si vous l'ignoriez. Lorsque vous contem[illegible]otre vie, connaissant l'identité de votre âme, co[illegible]son positionnement, il vous sera aisé de compr[illegible]histoire de votre

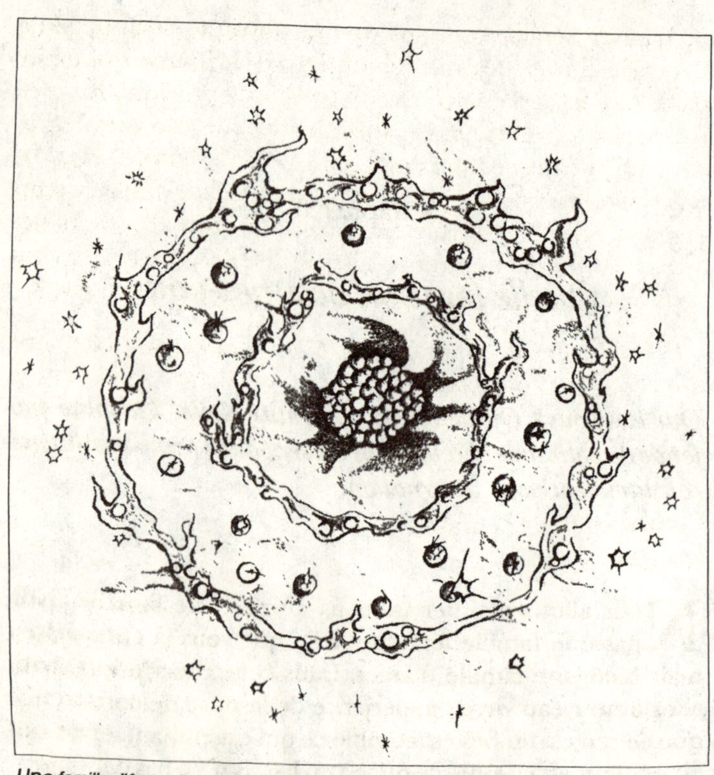

Une famille d'âme telle que perçue en vision par Marie Lise Labonté.

vie se tient, qu'elle a un sens de votre naissance jusqu'à maintenant. Tout ceci fait parti d'une seule et même vibration, même si dans votre cerveau gauche, vous séparez votre incarnation [illegible] votre divinité. Vous êtes déjà positionné au sein de votre f[illegible]le et déjà vous avez une action qui est de servir la Source [illegible]s et tout autour de vous.

Votre [illegible] âmes est une cellule qui ressemble étrangement, nou[illegible] même qui est quasi identique aux cellules qui com[illegible]tre enveloppe physique. Est-ce le jeu du hasard? Serait-ce que votre corps physique s'est inspiré de l'énergie universelle, de l'énergie de la Source qui existe dans l'au-delà? Serait-ce que votre corps physique fut créé par la Source elle-même? Ainsi, les cellules de votre corps ressemblent aux cellules des familles d'âmes et vice versa. Le regroupement des familles, qui existent par milliers dans l'au-delà, crée une forme de corps vibratoire, l'univers des âmes. Ce monde est entouré des étincelles, pures essences divines, qui se maintiennent constamment dans la Source.

Donc, afin de vous aider à bien comprendre ce qu'est une famille d'âmes, sa composition, son fonctionnement et son action tant à l'intérieur qu'à l'extérieur d'elle-même, nous allons utiliser la cellule humaine pour vous faire image.

Composition de la cellule

Noyau ou nucléus

La famille d'âmes est telle une cellule vibratoire qui possède en son centre un *noyau*, aussi appelé *nucléus*. Ce noyau a pour fonction de **maintenir ensemble la force et l'identité de la famille**. Les âmes qui en font partie sont appelées «*âmes sœurs primordiales*». Ce sont des âmes qui proviennent d'une même étincelle. Après avoir traversé le sas de l'Âme Mère, cette unique étincelle, maintenant devenue une âme, a traversé un autre sas que nous allons appeler le sas de la scission. Là, elle s'est scindée en deux: une âme devenant deux âmes. Elles ont chacune leur identité et possèdent chacune une portion de l'étincelle primordiale. La force d'attraction qui unit ces deux âmes, additionnée à la force d'attraction qui unit toutes les âmes soeurs primordiales qui composent le noyau, crée la force même du noyau, la force nécessaire au fonctionnement de la cellule. Le noyau se doit d'être fort car s'il était faible, la cellule pourrait en tout temps se scinder en deux, en trois ou éclater. Mais soyez sans crainte, les familles d'âmes sont fort solides.

Les âmes qui créent le noyau ont un grand sens de la famille. Nous utilisons des termes terrestres pour vous imager. Toutefois, ne transposez pas votre vécu terrestre dans l'au-delà. Ces âmes sont plus denses: elles ont une identité vibratoire plus forte que toutes les autres âmes qui font partie de cette famille. Et lorsque nous parlons de densité, nous ne parlons pas de cristallisation, nous parlons de la solidité de l'identité. Lorsqu'elles s'incarnent, le test qui guette ces âmes est de laisser l'ego récupérer la force de l'identité de l'âme, de l'ériger en gratte-ciel et de s'y perdre.

Filtre

Le noyau est entouré d'une bande en forme d'anneau que nous avons baptisé le *filtre.*

Les âmes qui composent le filtre sont des âmes seules, c'est-à-dire que ce ne sont pas des âmes sœurs primordiales. Elles ne sont pas en paire et ne sont pas tristes pour autant. Elles sont dans la Source, ne pleurent pas et ne sont pas jalouses de celles qui sont jumelées, comme les âmes sœurs primordiales. Ce type d'émotion n'existe pas dans l'au-delà.

Ces âmes sont légèrement moins denses que celles qui composent le noyau. Ceci est dans l'ordre même de la «logique céleste». Si elles étaient toutes aussi denses, elles seraient aspirées car le noyau est une force qui aspire l'énergie pour la redistribuer. Ainsi, les âmes qui enveloppent le noyau sont des âmes dont l'identité est forte, toutefois moins forte que celles du nucléus. Elles ont toutes vécu un nombre identique de sas, ce qui leur permet de créer une homogénéité, une force, une stabilité tout autour du noyau. Ainsi, cet anneau reçoit la force de l'énergie du centre qui est dirigée vers l'extérieur, la filtre, l'ajuste et la distribue. Il agit de même avec l'énergie qui pénètre la cellule vers le centre. Cette bande **joue un rôle de protection et de filtre**, elle est constamment à ajuster le jeu de la force qui est dirigée vers l'intérieur et vers l'extérieur.

Comme elles sont en très grande association avec les âmes du noyau, elles peuvent aussi se perdre dans l'ego et la personnalité. Elles peuvent même s'identifier au noyau à un point tel qu'elles se mettent à la recherche d'une âme sœur primordiale qui n'existe pas. Elles auront tendance, dans l'incarnation, à devenir des sauveteurs, à vouloir surprotéger, jusqu'à en oublier que leur position en est une d'anneau protecteur et non pas de noyau.

En résumé, les âmes qui occupent cette position protègent le noyau, non pas qu'il y ait danger, mais elles le protègent dans l'énergie de l'amour et de la lumière. De plus, elles filtrent tout autant l'information qui émane des étincelles, fluide d'amour dirigé vers le noyau, passant à travers toutes les couches de la cellule, que celle qui ressort du noyau et se dirige vers le monde des étincelles.

Stabilisateurs

Tout autour du filtre existe une autre bande, une structure énergétique composée d'âmes plus légères, qui ont vécu chacune un nombre différent de sas vibratoires. Ce sont des âmes vagabondes qui voyagent, qui sont des **stabilisateurs, équilibrant constamment la vibration de la cellule**. Elles sont les échangeurs et savent fort bien reconnaître l'identité du noyau, l'identité de l'anneau de protection et l'identité des âmes quasi transparentes de la périphérie, confrères et consoeurs de lumière.

Afin de vous aider à comprendre le rôle que joue les âmes qui occupent cette position au sein de la famille, nous avons trouvé le terme terrestre *stabilisateur*. Pourquoi ont-elles vécu un nombre différent de sas, soit de deux à sept? Tout simplement pour leur permettre de communiquer avec toutes les âmes, peu importe leur densité. Par exemple, les âmes qui n'ont vécu que deux sas peuvent facilement communiquer avec les âmes de la bande périphérique alors que celles qui ont vécu cinq sas ont une identité beaucoup plus forte. Cette force leur permet de recevoir les énergies du filtre et de les laisser passer vers l'extérieur tout en assurant l'équilibre. De plus, comme elles ne sont pas homogènes, elles créent l'équilibre entre le noyau central et l'anneau extérieur: elles créent et maintiennent l'harmonie.

Ces âmes s'occupent des «relations publiques». Ce sont les «diplomates célestes». Ce sont les seules qui ont la permission de quitter la famille pour aller visiter les autres familles sans créer de déséquilibre, et ainsi assurer une communication constante entre toutes les familles d'âmes. Elles sont de grands voyageurs. Lorsqu'elles visitent, c'est-à-dire lorsqu'elles quittent et reviennent à la cellule, elles sont toujours accompagnées d'une étincelle, non pas celle qu'elles portent en elles, mais bien d'une étincelle qui existe dans le monde des étincelles et qui les accompagne jusqu'à une autre cellule. Elles sont dans une position de recherche constante d'équilibre et stabilisent les fluides qui viennent, entrent, nourrissent et ressortent de la cellule.

Le test que ces âmes rencontrent dans l'incarnation est de totalement se disperser, de visiter une famille, une autre et de passer à côté de l'essentiel. Elles sont, à un niveau, des messagers. Mais elles oublient quelquefois le but du message dans l'incarnation.

Périphérie

L'anneau qui complète la cellule enveloppe tout et contient tout ce qui existe au sein même de la cellule. Cet anneau est composé d'âmes qui sont encore plus légères que les stabilisateurs. Observez que vous partez d'une densité très forte dans le noyau allant vers la légèreté de la bande périphérique. Ces âmes sont quasi transparentes et ont besoin de cette forme de transparence pour permettre de **canaliser l'énergie extérieure et la diriger vers l'intérieur**, comme une forme de nourriture pour la cellule. Elles n'ont vécu qu'un sas, soit le sas de l'Âme Mère et, par le fait même, leur densité et leur identité ne sont pas fortes. En tant qu'âmes incarnées, elles sont légèrement distraites et ont souvent le goût de vouloir retourner à l'étincelle. Elles sont en constante communication avec le monde extérieur aux familles d'âmes, le monde des étincelles, des Anges, des Archanges, des Numineuses et des autres groupes d'étincelles qui organisent constamment le fluide divin, l'énergie, la lumière qui existe entre les familles d'âmes.

Elles ont la capacité de communiquer avec toutes les étincelles qui virevoltent autour de la cellule «famille d'âmes». Elles assurent la communication avec d'autres espaces vibratoires, tels les sas vibratoires, au-delà de l'univers des âmes. Elles assurent le bon voisinage et même la gestion des sas environnant la famille, sas par lesquels leurs frères et sœurs de la cellule passent pour aller se localiser. Ces âmes, dont l'identité est faible, ont cette forme de transparence permettant à la cellule de respirer dans l'univers.

Les âmes qui occupent cette bande complètent et ferment la cellule. Elles ne voyagent pas. Elles ne peuvent pas quitter la cellule sans créer de déséquilibre car elles scellent la cellule. Elles reçoivent et permettent l'échange des fluides de l'extérieur et les dirigent aux stabilisateurs. Les stabilisateurs les dirigent vers le filtre, le filtre les laissent pénétrer dans le noyau, qui, à son tour émane l'énergie de la famille vers le filtre, puis vers les stabilisateurs et finalement vers ces âmes qui scellent, laissant émaner ces fluides de la famille dans l'univers de la Source. La cellule se nourrit de la Source jusqu'au noyau; le noyau restitue, relance l'énergie de la famille jusque dans le fluide de la Source. C'est ainsi que la cellule respire, *respire.*

Dans l'incarnation terrestre, ces âmes sont presque constamment, inconsciemment ou consciemment, en communication avec l'au-delà, recevant maintes informations sur leur famille d'âmes. Leur difficulté avec l'incarnation n'est pas reliée à une trop forte identité mais à une faiblesse de leur identité. La vie sur Terre est un très grand test pour ces âmes car elles peuvent attendre l'au-delà toute leur vie et passer à côté de leur incarnation.

Ces âmes sont facilement reconnaissables dans votre société car elles sont constamment flottantes. Elles oublient mille et une choses, sont souvent dans la lune et ont besoin, à l'occasion, de se faire rappeler qu'elles sont sur la Terre. Le fait que leur densité est quasi inexistante explique pourquoi elles ont quelques petits problèmes avec l'incarnation, à l'opposé des âmes qui composent le nucléus, dont la densité est très forte et que l'on dira bien incarnés.

Où vous situez-vous?...

Votre place, au sein de la cellule «famille d'âmes», est avant tout une identité vibratoire. Elle crée un but à tout ce que vous vivez en tant qu'âme et, par le fait même, en tant qu'individu. Si, dans l'incarnation terrestre, votre action se vit dans la transparence de la personnalité, l'identité de l'âme continue d'agir malgré que vous ayez «quitté» la famille d'âmes pour «venir» sur la Terre. C'est pourquoi il est important que vous reconnaissiez votre localisation au sein de la cellule. Vous pourriez nous dire: «Je ne sais pas!» et nous pourrions vous répondre: «Contemplez votre vie!». Votre âme possède son identité; chez certains, l'identité est plus forte, plus dense que chez d'autres. La densité vibratoire de l'âme se reflète dans la force de la personnalité dans l'incarnation. Ainsi, si vous observez votre vie, vous saurez où vous êtes localisé au sein de la cellule «famille d'âmes».

Trouver la position que vous occupez au sein de votre famille ne doit pas être perçu comme une tâche, mais au contraire comme une expérience de libération. Car, plus vous reconnaissez qui vous êtes, plus vous pouvez agir consciemment, amener la conscience dans l'action de votre incarnation. Votre incarnation est teintée de maintes expériences et, à travers ces expériences, l'identité de votre âme agit, agit et *agit constamment.*

Il se peut que vous ayez choisi de retrouver dans votre famille terrestre la position que vous occupez dans votre famille céleste. Il se peut également que vous ayez choisi de vivre une position à l'opposé, pour connaître une autre expérience. Ainsi, nous vous invitons à prendre cet enseignement et à tenter de le transposer à votre famille terrestre. Quelles seraient les âmes qui, au sein de votre famille terrestre, font parti du noyau? Est-ce les premiers de la famille, les derniers? Car tout se tient.

Nous avons parlé précédemment de l'importance de guérir les liens avec votre famille terrestre. Dans cette recherche de votre position au sein de la famille d'âmes, vous allez comprendre l'expérience de votre position au sein de votre famille terrestre. Il n'y a pas de hasard dans ce que vous vivez présentement. C'est pourquoi nous vous invitons à guérir s'il y a encore haine, jugement, sentiment de rejet ou d'abandon, désir de rejeter si vous avez été rejeté... Nous vous invitons à quitter cette dimension de blessure et de souffrance afin de contacter votre potentiel de guérison intérieur, ce potentiel universel qui vous habite, et à le diriger dans la guérison de votre relation avec votre famille terrestre.

Ceci vous aidera à expérimenter l'inconditionnel dans l'énergie de l'amour et facilitera le contact avec votre famille d'âmes en vous. La reconnaissance de votre position et de votre famille d'âmes vous aidera à guérir les liens avec votre famille terrestre. Car vous comprendrez l'expérience que vous avez vécu à la lumière de la conscience céleste, même si cette expérience est terrestre.

Fonctionnement de la cellule

Par quelle magie toutes ces âmes, de densité différente, réussissent-elles à former un tout qui se tienne dans l'Univers? Comment peut-on réussir à assurer l'organisation de toute cette «structure vibratoire»? La réponse est fort simple: grâce à la gravité. Afin que vous puissiez bien visualiser le fonctionnement d'une cellule, nous allons compléter cet enseignement par l'explication du mouvement qui se vit à l'intérieur d'une famille d'âmes.

Le noyau constitue le centre de la cellule, le centre de la famille. L'identité des âmes qui le composent est forte. Elles ont un mouvement de rotation qui s'effectue dans le sens des aiguilles d'une montre, soit vers la gauche, prenant les énergies de l'intérieur et les dirigeant vers l'extérieur. Les âmes qui composent **le filtre** sont moins denses que celles qui sont dans le noyau, et leur action est de protéger et de filtrer les vibrations d'amour et de lumière qui entrent et sortent du noyau. Elles ont un mouvement de rotation dans le sens inverse de celui des aiguilles d'une montre, soit vers la droite.

Les stabilisateurs ont comme rôle de stabiliser constamment toute l'énergie qui part du centre vers l'extérieur et de l'extérieur vers le centre. Elles ont la possibilité de visiter d'autres familles, d'autres cellules, accompagnées d'une étincelle, et de revenir. Elles gèrent et stabilisent l'évolution constante de la cellule. Leur mouvement de rotation se fait dans le sens des aiguilles d'une montre, soit vers la gauche. Finalement, il y a les âmes qui scellent la cellule, la **bande périphérique**. Cette bande contient la force centrifuge et centripète de la cellule. Les âmes qui la composent sont très légères, elles côtoient constamment le monde des étincelles. Elles ont un mouvement de rotation dans le sens inverse de celui des aiguilles d'une montre, soit vers la droite, attirant l'énergie de l'univers vers le centre.

La cellule peut ainsi battre, vivre, palpiter, respirer l'énergie de l'extérieur vers le centre et reprendre cette énergie du centre pour la diriger vers l'extérieur. Toutes les autres vibrations qui sont à l'intérieur de la cellule ont pour effet d'absorber ces forces qui se rencontrent, se rejoignent et se redistribuent constamment; c'est l'appel de l'énergie de l'extérieur, l'énergie d'amour dirigée vers le centre et du centre vers l'extérieur. Mouvement de spirale vers l'intérieur, spirale inversée vers l'extérieur, tel est le mouvement de la respiration d'une famille d'âmes. Vous respirez ainsi dans les cellules de votre enveloppe physique, vous respirez ainsi dans l'univers tout entier. La cellule de votre famille est représentative du mouvement de l'univers. L'avez-vous ressenti? Et l'énergie qui soutient tout ceci est l'amour, *l'amour*!

Vous pourriez certes nous dire: «Et qu'en est-il des familles qui se nourrissent de l'ombre?» C'est aussi l'énergie de l'amour qui les maintient ensemble car elles aiment l'ombre! Elles se maintiennent dans l'ombre par amour de l'ombre, par choix de l'ombre. Et ce choix est synonyme d'amour! Certes, non pas comme vous pourriez l'entendre, toutefois nous tenons à apporter cette nuance pour vous dire qu'au sein même de l'ombre existe l'amour! Au sein même de l'ombre existe la lumière! La lumière est partout, même dans les regroupements de familles de l'ombre.

Vous formez, toutes les familles ensemble, une forme de corps vibratoire appelé l'univers des âmes. Ce corps respire aussi, il se tient. Et ce qui tient les familles ensemble c'est l'énergie du fluide de l'amour et de la lumière. Elles se tiennent ensemble à travers le filet vibratoire des étincelles qui sont pur amour. N'est-ce pas merveilleux?

Voici donc la présentation complétée de l'univers des familles d'âmes. Votre âme a choisi une position au sein d'une de ces familles. Quelle est-elle? Comment le savoir? Nous vous laissons découvrir cette position. Soyez assuré d'une chose: lorsque vous vous incarnez, vous portez cette position, vous la vivez à travers le filtre de l'incarnation terrestre. Alors observez le chemin que vous avez parcouru jusqu'à ce jour.

- Êtes-vous du genre qu'on décrit comme ayant une forte personnalité, qui a tendance à contrôler, parfois même à écraser ceux qui le côtoient?

- Êtes-vous de ceux qui, au plus profond d'eux, portent le réflexe de vouloir protéger tous ceux qui les entourent, même lorsqu'il n'y a aucun danger apparent?
- Ou encore avez-vous l'âme voyageuse, le goût d'établir des liens avec différents groupes d'individus, toujours très attentif à ce que l'équilibre règne tout autour de vous?
- Finalement, êtes-vous de ceux qui n'ont pas les deux pieds sur terre, qui sont souvent dans la lune et qui portent la nostalgie d'un ailleurs moins terrestre?

Nous venons de vous décrire les types de personnalité associés à l'une ou l'autre des quatre positions au sein d'une famille d'âmes. Est-ce plus facile maintenant pour vous d'avoir une vision un peu plus claire de la position que vous occupez? Vous portez constamment cet emplacement, vous l'avez amené avec vous dans cette incarnation. Comment cela influence-t-il votre vie?

Il existe des milliers et des milliers de familles d'âmes. Toutefois, elles ne se sont pas toutes incarnées en ce début de millénaire. Certaines sont occupées à bien d'autres fonctions, si nous pouvons utiliser ce terme, alors que d'autres sont incarnées et agissent ensemble, aidant l'évolution de la Terre, aidant le plan divin associé à cette planète, aidant l'humanité.

EXERCICES

Nous allons maintenant vous guider dans une expérience pour vous aider à reconnaître votre position. Vous pouvez, si vous le choisissez, accompagner votre exercice du chant du **AUM**.

Nous vous invitons à être debout et à maintenir l'espace libre autour de vous, de façon à ce que vos mains puissent stabiliser votre enveloppe physique dans la méditation. Respirez profondément. Utilisez le souffle de vie pour dégager le diaphragme, pour dégager le crâne. Laissez les épaules se reposer sur votre cage thoracique. Relâchez les muscles de votre nuque et maintenez les genoux souples. Laissez vos pieds respirer dans les profondeurs du sol, les racines terrestres. Laissez votre chakra de la couronne respirer dans les profondeurs du ciel, les racines célestes. Et pendant quelques secondes, nous vous invitons à ressentir, à voir, à entendre, à imaginer une cellule familiale. Pensez à votre famille, ceci aidera.

Répétez le nom de votre famille d'âmes intérieurement, même si vous avez des doutes, ceci n'est pas important. Ne jugez pas. Dans l'énergie de votre cœur, pensez à votre famille d'âmes. Répétez le nom, amenez-y votre conscience, enracinez la vibration et le ressenti, les émotions que ceci soulève, et respirez. Même si votre ego réagit, accueillez-le. Ne jugez pas. Permettez-vous de danser dans l'énergie et continuez de nommer intérieurement votre famille d'âmes. Nommez et respirez. Et, petit à petit, imaginez intérieurement cette cellule, votre famille d'âmes, avec son noyau, sa bande protectrice autour du noyau, l'espace des stabilisateurs et la bande extérieure, l'anneau extérieur. Cette cellule respire. Nommez le nom de votre famille. Respirez au sein même de la cellule. Imaginez que vous êtes cette cellule et que vous respirez. *Vous êtes cette cellule, respirez.*

Et maintenant allez contempler votre position, toujours avec vos yeux intérieurs. Quelle position occupez-vous? Où vous situez-vous dans cette famille? Comment aidez-vous cette famille à respirer, à constamment maintenir l'élévation, la lumière? Comment aidez-vous le fonctionnement de cette famille, qui est la vôtre? Recevez la réponse. Voyez cette position intérieure, entendez-la. Afin de vous accompagner dans cet exercice, nous allons décrire chacune des positions, laissez-vous imprégner par ces quelques lignes; écoutez, ressentez et reconnaissez.

Vous êtes, dans la bande périphérique, les âmes qui ferment, qui scellent la cellule. Prenez votre temps, ressentez. Vous êtes des âmes très légères. Vous laissez circuler les vibrations qui proviennent de la profondeur du noyau tout en étant ouvertes au monde des étincelles. Vous ressentez constamment la force de l'étincelle en vous et tout autour de vous. Vous êtes constamment baignés de la divinité et c'est ainsi que vous vous occupez de votre famille d'âmes.

Nous nous adressons aux âmes qui sont les stabilisateurs, celles qui stabilisent l'énergie passant à travers l'anneau extérieur et provenant des âmes dont l'identité est quasi inexistante, âmes qui reçoivent l'énergie des étincelles. Les stabilisateurs filtrent et stabilisent constamment l'énergie. Quelquefois, ils doivent se diriger vers un espace, aligner la lumière et la faire passer avec fluidité. Ils créent la communion des énergies du centre vers l'extérieur, de l'extérieur vers le centre.

Nous nous adressons maintenant à la bande qui entoure le noyau. Vous êtes les protecteurs du noyau. Vous tenez entre vos mains sa force, vous le protégez. Vous devez être solides, chères âmes. Vous êtes solides car vous maintenez la force centrifuge. Vous maintenez la force de cohésion du noyau.

Nous invitons maintenant le noyau. Vous êtes très solides, vous êtes la force, l'identité de votre famille.

Continuez d'appeler votre famille et appelez votre position. Comment aidez-vous l'enracinement? Comment aidez-vous votre famille? Quelle est votre fonction au sein même de cette cellule? Recentrez-vous dans votre âme. Vous êtes un soleil parmi les soleils de votre famille d'âmes. Nommez intérieurement votre famille, appelez-la. Visualisez la cellule. Visualisez votre famille. Visualisez les âmes. Voyez et ressentez votre position. Permettez la désintoxication des différentes cristallisations d'énergie qui existent et qui forment une sorte de filtre voilant la reconnaissance profonde de qui vous êtes et de la position que vous vivez au sein de votre famille d'âmes. Nous vous le répétons, qui vous êtes influence constamment votre quotidien.

QUESTIONS

Q: Lorsque vous avez nommé les familles d'âmes, j'ai eu l'impression que je faisais partie de toutes ces familles. Que dois-je en comprendre?

R: Votre réaction est fort typique des âmes qui occupent la position des stabilisateurs. Nous le répétons, les stabilisateurs voyagent. Ils vont d'une famille à une autre, reviennent et repartent. Nous avons observé que maintes âmes stabilisatrices nous tenaient ce langage. Elles ont l'impression d'appartenir à toutes les familles car elles vont les visiter. Toutefois, vous n'appartenez qu'à une famille.

Q: Pour l'âme qui occupe la position de stabilisateur dans sa famille céleste, est-il possible que dans son incarnation, elle ait à vivre plusicurs expériences avec des âmes provenant d'autres familles?

R: Certes! Elles sont les ambassadrices face aux autres familles d'âmes alors que les âmes qui sont en périphérie sont les ambassadrices face aux étincelles, sans toutefois quitter la cellule.

Q: J'ai un peu de difficulté à comprendre ce que veut dire la «densité» ou la «légèreté» de l'âme. Pourriez-vous l'expliquer?

R: Nous allons tenter de vous communiquer notre expérience en tant qu'Anges. Lorsque nous nous retrouvons devant une âme qui fait partie du noyau, l'âme, dans l'enveloppe physique, est très présente, palpable, dense.

Lorsque nous nous retrouvons devant une âme qui se trouve en périphérie, l'âme est légère comme un voile, quasi transparente.

Q: Est-ce que toutes les âmes qui font partie du nucléus ont traversé le même nombre de sas vibratoires?

R: Oui. Les âmes qui composent le nucléus ont toutes traversé le même nombre de sas et ce nombre est propre à chaque famille. Il en est de même pour les âmes qui composent le filtre. Elles ont toutes vécu le même nombre de sas, cependant moins que celles qui composent le nucléus, et encore une fois ce nombre est propre à chaque famille. Par exemple, il peut y avoir une famille dont les âmes du nucléus ont traversé cinq sas et celles du filtre quatre sas, alors que pour une autre famille, les âmes du nucléus peuvent avoir traversé six sas et celles du filtre, cinq sas. Ceci est propre à chaque famille.

Q: Vous dites qu'il existe des familles qui n'ont qu'un noyau alors que d'autres en ont plusieurs. Pourriez-vous élaborer sur ce sujet?

R: Les familles d'âmes possédant plusieurs noyaux peuvent évoluer et se scinder pour créer d'autres familles. Certaines se scindent et se recréent jusqu'à l'infini. Nous vous donnons un exemple. Il y a une famille à laquelle plusieurs ont l'impression d'appartenir. Il s'agit de la famille d'âmes des Guérisseurs. Cette famille a, en ce moment, cinq nucléus, cinq filtres, cinq groupes de stabilisateurs et cinq bandes périphériques. Elle est constamment à se scinder, créant ainsi d'autres familles qui auront une action qui sera toujours en guérison, mais dans des domaines plus spécifiques, comme les Chamans, les Guerriers Guérisseurs... Une famille peut avoir jusqu'à quinze nucléus, comme la famille des Piliers en ce moment. Les familles ne possédant qu'un seul noyau sont dans la stabilité et n'évolueront pas pour former d'autres groupes de familles d'âmes; elles ne se scindent pas, elles assurent la stabilité dans l'évolution des âmes.

Q: Pourriez-vous nommer les familles qui, en ce moment, n'ont qu'un seul nucléus?

R: Certes! Il s'agit des familles des Maîtres, des Passeurs, de la Communication et des Mécaniciens.

Q: J'aimerais que vous puissiez nous donner un truc pour nous aider à trouver notre famille et la place que nous occupons au sein de celle-ci?

R: Fort simple. Pour trouver la famille à laquelle vous appartenez, posez-vous une simple question. Qu'est-ce qui vous passionne dans la vie? Qu'est-ce qui vous inspire depuis votre toute petite enfance? Vous aurez ainsi votre réponse.

En ce qui concerne votre position, vous n'avez qu'à observer votre action dans le quotidien. Regardez-vous agir et vous saurez. Êtes-vous toujours dans la lune ou au contraire avez-vous les deux pieds sur terre? Avez-vous tendance à vous disperser ou au contraire vous sentez-vous responsable de tout ce qui se passe autour de vous? Observez et vous nous en reparlerez.

CONTEMPLATION

Ceci est un excellent exercice: voir l'autre dans son potentiel et non point dans sa limite

Il y a un fil conducteur à l'expérience de votre incarnation. Il y a une énergie commune à toutes les âmes incarnées sur la planète, une énergie qui unit tout ce qui est, tout ce qui existe, tout ce qui possède la vie. Cette énergie est appelée Amour.

En tant qu'humain, vous avez connu, dans l'expérience de votre incarnation, maintes formes et maintes expressions de cette vibration appelée Amour. Vous avez connu, entre autres, l'amour avec certaines conditions, que nous appelons l'amour conditionné. Vous avez reçu cette forme d'amour de votre société, de vos parents, de vos amis; vous-même, vous avez transmis cette énergie. Pour recevoir l'amour de vos proches, on a exigé de vous que vous soyez ceci, ceci et cela. Ceci, ceci et cela méritaient l'amour, l'approbation, le sourire, le regard empli de lumière. Toutefois, si vous étiez cela, cela et ceci, vous receviez fermeture du visage, point de sourire, regard plus sombre, et ce qui émanait du corps de l'entité qui vous transmettait ainsi l'amour était synonyme de désapprobation. Vous receviez le «non».

L'amour qui existe dans l'au-delà est sans aucune forme de condition. Il n'existe ni «ceci, ceci et cela», ni «ceci est bien, ceci est mal», ni approbation ou désapprobation. Votre âme connaît très bien cette réalité céleste. Toutefois, en choisissant l'incarnation terrestre, vous avez choisi d'évoluer à travers cette forme conditionnée de l'amour. Vous avez choisi de l'expérimenter, de la vivre envers les autres et envers vous-même car cet amour conditionné, vous le projetez aussi sur vous-même. Par exemple, lorsqu'un matin vous vous observez à critiquer le vieillard, l'enfant, l'entité sans abri..., et que vous désapprouvez votre attitude, vous vous jugez. Vous vous retirez ainsi votre amour. Lorsque vous êtes témoin, à travers les médias, que des humains sont torturés sur votre planète et que vous regardez les hommes armés qui viennent de poser ces gestes, vous les jugez et vous retirez votre amour. Et lorsque vous contemplez des enfants qui s'amusent, votre cœur se réjouit et vous donnez votre amour. Vous expérimentez «ceci est bien, ceci est mal» et, selon ce conditionnement, vous donnez ou retirez votre amour à nouveau.

Lorsque vous rencontrez l'âme sœur ou lorsque vous rencontrez les âmes qui font partie de votre famille d'âmes, votre réflexe humain est à nouveau de vivre l'expérience à travers «ceci est bien, ceci est mal». Vous donnez ou retirez votre amour. Et, selon que la situation change, vous le retirez là où vous l'aviez donné ou vous le donnez là où vous l'aviez retiré, toujours selon le conditionnement du «ceci est bien, ceci est mal».

Cette expérience existe sur votre planète, n'est-ce pas? Ainsi vous expérimentez l'amour conditionné et conditionnel. Vous expérimentez les jugements, la désapprobation, l'attente, les attachements, la possession, la jalousie, l'envie, la haine, le désir de tuer l'autre, le désir de vous détruire. Vous expérimentez la «condition humaine» et cette condition est conditionnée.

Lors d'un moment d'illumination, d'une expérience mystique ou d'une méditation, alors que vous êtes en contact avec votre «condition divine», vous expérimentez l'inconditionnel, vous expérimentez que tout se tient dans l'univers, que tout est vibration, que la Source ne juge pas. Dans cette expérience d'illumination, peu importe sa durée, vous êtes soudainement fusionné, fondu, vous êtes un et vous contemplez que là où vous pensiez qu'il y avait séparation, il n'y en a pas. Vous expérimentez l'amour universel, l'amour vaste qui existe bien au-delà de la «condition humaine» et de ses conditions. Cet amour, qui vous nourrit profondément, est le lien qui existe au sein même de votre famille d'âmes.

Lorsque vous vivez les limites de votre condition humaine, lorsque vous êtes devant la Muraille de Chine en ayant l'impression que votre vie n'est rien, vous êtes toujours divin. Lorsque vous expérimentez la contraction, la douleur, la souffrance, l'incompréhension, le désir de refermer votre cœur, le besoin de vous séparer, jugeant que l'autre vous fait souffrir, lorsque vous vivez cette condition humaine, comment pouvez-vous expérimenter vos liens d'âmes, les liens avec votre famille, votre identité profonde, la nature même de votre divinité?

Lorsque vous expérimentez la fermeture, le désir de quitter cette planète parce que les difficultés sont trop grandes, parce que vous n'expérimentez pas l'amour que vous recherchez dans l'autre, dans les objets, dans les vêtements..., n'oubliez jamais que vous êtes toujours divin, vous êtes toujours présent à votre identité céleste. Elle ne vous quitte pas. Votre famille d'âmes et la vision que vous portez au sein même de votre âme sont aussi toujours présentes. La flamme divine ne sort pas de vous.

Voilà pourquoi il est fort important de vous souvenir que lorsque vous êtes dans la condition humaine et que vous avez l'impression de n'être qu'un bloc de béton, vous êtes dans l'illusion. Et certes, vous pourriez nous dire: «Non point! C'est ma vérité. Lorsque je souffre, je souffre et ceci n'est pas une illusion.» Et nous répondrions: «Vous oubliez que vous êtes constamment divin».

Certes, dans la contraction ultime, lorsque vous êtes complètement refermé sur vous-même, le cœur et la conscience bien fermés, tous vos chakras éteints et que vous êtes dans la haine et la colère, il n'est pas aisé de contacter votre divinité. Toutefois, dans cette contraction ultime, vous oubliez que vous êtes toujours divin et que, l'espace d'une seconde, vous pouvez totalement transformer votre état. Vous avez cette puissance car vous n'êtes pas séparé de votre divinité. Vous n'êtes pas moitié humain, moitié divin. Vous êtes divin et humain, humain et divin. Vous êtes constamment les deux, même dans l'incarnation.

Contemplez votre vie. Depuis votre naissance jusqu'à maintenant, il n'y a pas de séparation. Ce n'est pas parce qu'aujourd'hui, hier, avant-hier ou il y a quelques semaines, vous avez lu ou entendu parler des familles d'âmes, que soudainement vous devenez quelqu'un d'autre. Ce n'est pas parce que vous venez de découvrir que vous êtes de la famille des Alchimistes-fées, des Enseignants, des Guérisseurs, de la Communication ou d'une autre, que soudainement vous devenez quelqu'un d'autre. Vous avez toujours été cette vibration. Vous possédez cette identité depuis le tout premier souffle de votre naissance et plus encore, depuis votre conception.

Certes, votre conscience et votre cœur se sont éveillés, et certains d'entre vous résistent encore à cette prise de conscience. Car la personnalité analyse: «Suis-je vraiment de la famille des Maîtres? Mmhhh!... Suis-je vraiment Guérisseur? Chaman? Mmhhh». Ces personnes résistent car il y a des blessures qui les séparent de l'identité de leur âme, qui les maintiennent en doute, en gêne, en honte, comme une forme de pudeur provenant de la personnalité. «Serais-je vraiment un Guérisseur?» Et si la réponse est oui, ils se sentent immédiatement obligés d'agir en tant que Guérisseurs, alors qu'ils le sont depuis toujours. Pour d'autres, la personnalité accueille totalement cette réalité céleste. Ils se sentent soudainement unis et en puissance, car ils viennent d'expérimenter une fusion intérieure plus grande encore. Et pour eux, le doute n'existe pas, l'énergie est claire.

C'est pourquoi nous vous invitons dans cette contemplation de votre vie dès maintenant, sachant qui vous êtes, sachant votre position dans la famille. Ceci est fort important. Dépassez votre compréhension intellectuelle afin de comprendre avec votre cœur comment «qui vous êtes» a toujours influencé votre vie.

Il serait bien que vous débutiez consciemment cette forme de contemplation. Elle se fera de toute manière, malgré vous, car suite à cette lecture, votre inconscient s'éveillera et fera circuler en vous les rêves et les énergies nouvelles. Que votre compréhension actuelle soit limitée n'a pas d'importance. La véritable importance réside dans le fait que vous ayez enfin choisi de vivre les retrouvailles avec votre réelle identité. Une contemplation vécue dans la conscience pourra accélérer ce processus vibratoire de reconnaissance de votre identité, de votre position au sein de votre famille, vous permettant ainsi une nouvelle lecture de votre vie jusqu'à maintenant, et facilitant l'alignement futur.

Nous vous le répétons, lorsque votre âme s'est incarnée, elle portait en elle la vision de son incarnation. Alors questionnez-vous: «Qu'est-ce que mon âme est venue vivre sur la planète Terre? Qu'est-ce que mon âme est venue partager? Qu'est elle venue transmettre, apporter sur la planète Terre? Comment participe-t-elle à l'évolution de cette planète?». Soyez sans crainte, l'incarnation n'est pas un jeu de dés. Vous ne jouez pas à la roulette et ceci n'est pas le jeu d'un petit hasard. Vous êtes venu partager votre vibration, la vibration de votre famille, votre position au sein même de la famille. Vous êtes venu la partager avec la conscience terrestre, avec les autres âmes que vous avez choisi de retrouver. Vous êtes venu apporter votre lumière. Certes, il se peut qu'à l'âge de vingt ans, vous ayez dit: «Terminé. Plus de lumière, je choisis l'ombre», et que pendant vingt trois années vous ayez vécu dans la haine. Puis soudainement, à l'âge de 43 ans, vous vous éveilliez à nouveau à la lumière, et à nouveau vous choisissiez de totalement porter la conscience de l'amour en vous. Pendant tout ce temps, vous avez vécu votre vie, vous avez vécu votre incarnation, en portant constamment la flamme au cœur de votre identité. Votre âme est libre, libre de maintenir la vision, de pousser la vision de côté, de choisir une autre direction, de revenir... Totalement libre! Il est important que vous ne jugiez pas ceci.

Ainsi, dans cette contemplation, il se peut que vous réalisiez que vous avez pris un autre chemin que celui de votre âme pour satisfaire telle ou telle expérience. Toutefois, il se peut que ces expériences fassent aussi partie du chemin de votre âme. Même si vous avez l'impression que vous vous êtes coupé de vos racines profondes, que vous êtes devenu ingénieur au lieu de devenir pianiste, ne jugez pas. Vous êtes constamment le maître de votre vie. Et vous pouvez choisir à nouveau le piano pour canaliser votre essence.

Comment savoir si vous êtes dans le chemin de votre âme depuis votre incarnation jusqu'à maintenant? En contemplant votre expérience. Et attention, le but de cette connaissance n'est pas de vous juger. Comment savoir si vous êtes collé à votre essence? Vous n'avez qu'à contempler votre enveloppe physique. Votre corps est le lieu que votre âme a choisi pour vivre l'incarnation, n'est-ce pas? Et lorsque nous parlons du corps, nous parlons de tous les corps: votre corps et votre cocon de lumière. Si vous êtes harmonisé, si vous êtes en communication profonde, la personnalité ayant atteint un niveau de transparence à l'essence, alors votre corps se portera bien. Mais si vous vous éloignez de vous-même, il se produit l'inverse.

Ainsi, l'écueil, les obstacles créés par les symptômes, les malaises et la maladie sont des signes qu'il y a une difficulté d'union en vous-même et qu'il se peut certes que vous expérimentiez tout ceci pour vous aligner de plus en plus. Vous êtes ici dans l'expérience de l'accueil. Nous ne pouvons pas forcer cet accueil pour vous. Toutefois, vous pouvez le choisir. Vous êtes le maître de votre vie.

Qu'allez-vous reconnaître de cette contemplation? Qu'allez vous retrouver? Allez-vous vous souvenir encore plus de qui vous êtes? Laissez entrer l'amour. Si vous désirez vivre cette expérience dans la personnalité, dans la séparation, laissez le non amour guider votre vie. Par contre, si vous désirez connaître l'union, laissez l'amour circuler en vous. Car, nous le répétons, l'amour est la vibration qui unit tout.

Chapitre 4

Les liens d'âmes

Maintes entités ont choisi d'expérimenter le manque, pour découvrir le plein et le vide.

Nous allons maintenant vous transmettre un enseignement sur les différentes associations d'âmes qui existent dans l'Univers: âmes soeurs, âmes jumelles, âmes doubles et âmes soeurs primordiales. Vous pouvez certes utiliser ceci et réduire l'enseignement à la dimension terrestre, vous choquer, pleurer et vivre votre manque affectif à travers ce que nous allons vous transmettre. Toutefois, vous avez également la possibilité de vous réjouir de cet enseignement.

Les Âmes Soeurs

Les âmes soeurs sont des âmes qui, dans l'au-delà, ont «signé un contrat», contrat voulant qu'elles se rencontrent dans l'incarnation afin d'accomplir une action fort spécifique. Ces âmes ont donc, si nous pouvons utiliser cette expression, une mission commune. Elles ont également choisi de vivre, toujours dans l'au-delà, une initiation qui les a unis entre elles par des ponts de lumière au niveau des chakras supérieurs situés au-delà de leur couronne. Ces ponts créent une force d'attraction, une unification et certes ceci solidifie le mouvement, l'identité même de la famille à laquelle ces âmes appartiennent. Il arrive également que deux âmes soeurs appartiennent à des familles différentes: ce sont alors les deux familles qui sont solidifiées par cette union. Tout se tient! Même si vous ne choisissez pas d'agir ensemble, de recréer les liens de reconnaissance du coeur, de l'âme et de la conscience, le simple fait que vous soyez à lire ces enseignements augmente le potentiel énergétique de votre famille d'âmes à travers la densité terrestre. Ceci attire à vous les âmes de votre famille.

Les Âmes Jumelles

Les âmes jumelles sont des âmes de la même famille. Elles peuvent exister à travers toutes les positions de la cellule sauf celle du noyau, car les âmes qui le composent sont déjà réunies à une âme soeur primordiale. Le but de ces liens est de solidifier les autres positions au sein de la famille. Les probabilités que votre âme jumelle soit dans la même position que vous ou dans une position très près de la vôtre, sont très élevées. Cette complémentarité crée une force plus grande dans la cellule, alimentant la position ou les positions qui sont rapprochées. Ces âmes sont unies par des liens de complémentarité très différents de ceux qui unissent les âmes soeurs. Elles solidifient les liens, l'action et la reconnaissance au sein de la famille.

Comment ces âmes décident-elles de devenir jumelles? Elles se lient de plus près avec les âmes qui les entourent. Leurs liens se créent par complémentarité et par choix durant l'incarnation. Votre âme est toujours libre, ainsi elle choisit constamment.

Les Âmes Doubles

Les âmes doubles sont deux âmes qui, dans la même famille, occupant la même position, ont reconnu qu'elles avaient exactement le même taux vibratoire. Dans cette reconnaissance, elles ont choisi de vivre l'expérience d'être des âmes doubles, c'est-à-dire de porter des polarités qui sont à l'opposé l'une de l'autre. Vous possédez tous, en vous, des polarités: le féminin et le masculin, le Yin et le Yang, la lune et le soleil... Donc, ces âmes ont choisi de vivre l'expérience des polarités opposées, c'est-à-dire l'une portant le féminin, le Yin, la lune, et l'autre portant le masculin, le Yang et le soleil. Bien entendu, ceci n'est qu'un exemple pour vous imager.

Afin de devenir doubles, les deux âmes se sont fusionnées au sein même de la famille. Elles sont devenues une, pour ensuite se dédoubler. En se dédoublant, elles sont devenues opposées l'une à l'autre dans leur polarité. La majorité des âmes doubles qui sont incarnées en ce moment sur votre planète sont du même sexe; deux femmes âmes doubles, deux hommes âmes doubles. Les âmes doubles, lorsqu'elles s'unissent, ne créent pas un cocon mais plutôt une forme de réceptacle. Ces âmes sont portées par une forme triangulaire sans teinte et **totalement transparente**. C'est une forme géométrique qui ressemble au triangle.

Attention! Ces âmes vivent également cette polarité dans leur couple intérieur et, lorsqu'elles se retrouvent, elles sont confrontées à ce niveau. Lorsqu'il y a retrouvailles, c'est qu'il est urgent que ces âmes guérissent leur couple intérieur.

Retrouver l'âme double peut totalement déstabiliser leur polarité, si elles ne sont pas prêtes. Quel est le but de ces retrouvailles? Les âmes vont se côtoyer et reconnaître la polarité manquante que l'autre possède. Il sera alors très important pour ces âmes, d'intégrer cette polarité dans leur couple intérieur. Par la suite, ce couple d'âmes doubles pourra devenir un réceptacle pour donner des enseignements très puissants aidant l'évolution de la planète, dans l'amour.

Ce couple peut aussi choisir l'ombre. Tout couple peut choisir l'amour qui guérit et tout couple peut choisir l'amour qui détruit. Ceci est votre liberté sur la planète Terre. Tout ce que nous venons de vous transmettre, vous pouvez le reprendre et imaginer que ça puisse se vivre dans la destruction. La Source ne juge pas.

Les Âmes Soeurs Primordiales

Si vous êtes une âme ayant choisi d'habiter le nucléus, le noyau d'une cellule, vous avez une âme sœur primordiale. Vous provenez d'une même étincelle qui s'est densifiée pour devenir une âme; par la suite, cette étincelle-âme s'est scindée en deux âmes distinctes. Ainsi, la force d'attraction qui unit ces deux âmes crée la force même du noyau. Quel est le but de l'existence de ces âmes? Servir la Source, tout simplement. Dans l'incarnation terrestre, les personnes qui sont des âmes sœurs primordiales demeurent, dans la profondeur de leur être, constamment à la recherche de leur «moitié». Attention toutefois, vous ne devez pas utiliser nos paroles uniquement dans le sens des conditionnements amoureux que vous vivez sur la Terre. Nous ne parlons pas du couple tel que vous l'entendez dans le domaine de la sentimentalité; nous parlons du couple qui se vit au niveau de l'âme.

Si vous projetez sur cette âme toutes les lois terrestres, vous allez souffrir. Car le but des âmes sœurs primordiales existe bien au-delà du couple «tu es belle, je suis beau». Vous connaissez ce couple. Le but des âmes sœurs, qu'elles soient primordiales ou non, est de servir un plan supérieur de conscience, servir leur condition divine à travers l'incarnation.

Vous pouvez certes utiliser la dépendance affective pour vous créer l'illusion que vous êtes une âme sœur primordiale et, toute votre vie, être à la recherche de cette autre moitié, nourrir l'impression que vous ne pouvez pas vivre sans l'autre, sans même savoir qui est cet «autre». Constamment à sa recherche, vous oubliez votre vie! Saisissez-vous que les conditionnements terrestres peuvent influencer la reconnaissance de votre identité? Nous vous invitons à lâcher prise et à expérimenter cette reconnaissance non pas au niveau de vos blessures, mais bien au niveau de votre ressenti profond.

Par leur origine, par la force vibratoire qui les unit, ces âmes se cherchent constamment. Vont-elles automatiquement se retrouver durant leur incarnation? Peut-être mais ce n'est pas assuré. Plusieurs éventualités peuvent venir interférer dans cette rencontre. En voici quelques exemples:

- Il se peut que les deux âmes sœurs primordiales habitent le noyau d'une cellule qui vit une scission, et que l'une des âmes choisisse de quitter le noyau initial pour aller dans la nouvelle cellule. «Oh horreur!», nous direz-vous. «Pourquoi se séparent-elles?» Tout simplement pour servir la Source. Soyez sans craintes, dans l'au-delà les âmes ne sont pas tristes de vivre cette situation, car leur but ultime est de servir la Source et c'est exactement ce qu'elles font.

- Il se peut également que juste à l'instant où les deux âmes soeurs primordiales choisissent de s'incarner sur une même planète, à la toute dernière seconde, l'une d'entre elles change d'idée et refuse de suivre l'autre. Alors l'âme qui s'est incarnée peut ressentir un vide, sentir qu'il lui manque une moitié, tout en pressentant que cette moitié n'est pas sur la Terre. Cette âme peut certes se mettre en colère et vivre le manque, mais elle peut aussi choisir de s'unir télépathiquement avec son âme soeur primordiale, retrouver leur vision commune et poursuivre la mission qu'elles avaient à accomplir ensemble.

- Finalement, la force d'attraction de ces âmes peut transporter la force équivalente de répulsion. Inconsciemment, ces âmes peuvent avoir très peur de se rencontrer pour maintes raisons et, toujours inconsciemment, faire avorter les rendez-vous qu'elles s'étaient fixées dans le temps.

Reprenons, dans des exemples plus «concrets», les trois types de «séparation» que peuvent vivre les âmes soeurs primordiales. Lorsqu'une cellule familiale se scinde pour en créer d'autres, il se vit une période de fragilité au coeur même de la cellule, une forme de vibration tel un petit tremblement de terre dans le monde des âmes, car, dans cette scission, certaines âmes soeurs primordiales choisiront de se quitter pour aller créer la nouvelle famille. C'est alors qu'elles n'existeront plus en tant qu'âmes soeurs primordiales car elles auront quitté la vibration du noyau initial pour se retrouver dans des noyaux différents et respectifs. Par le fait même, elles ne seront plus âmes soeurs primordiales. Pourquoi? Parce que, n'étant plus réunies en paire, elles n'auront plus la même force. En quittant cette union de paire, elles perdent de leur densité. Attention! Elles ne s'affaiblissent pas; elles perdent de leur densité et se préparent à vivre une transmigration de l'âme, c'est-à-dire un changement de position au sein de la famille qui, éventuellement, les amènera du noyau à un autre emplacement.

Autre exemple. Imaginez que vous faites partie d'une famille où il n'y a qu'un seul noyau. Vous avez une âme sœur primordiale et vous choisissez de vous incarner ensemble sur la planète Terre. Vous contemplez: «Mmmh! Changement de millénaire. Fort intéressant!» Vous êtes à quelques secondes de vous incarner et soudainement, votre âme sœur primordiale vous dit: «Non! Je ne m'incarne pas car je n'aime pas ce qui est à venir.» Mais vous, vous y allez quand même. Que se passe-t-il? Vous êtes incarné et l'autre ne l'est pas. Comment allez-vous vivre ceci? Nous avons rencontré des âmes incarnées qui vivaient cette situation avec une colère logée tant dans l'astral que dans tous les autres corps subtils. Elles savaient que l'âme sœur primordiale existait, mais qu'elle n'était pas sur la planète Terre. Il est possible à l'âme qui s'est incarnée de guérir cette blessure, d'entrer à nouveau en contact avec l'âme sœur primordiale qui n'est pas incarnée et maintenir ainsi la vision.

Nous avons également rencontré des âmes sœurs primordiales qui s'incarnent ensemble et se retrouvent après quarante-cinq, cinquante années de vie terrestre, ayant toujours ressenti qu'elles existaient, car le lien qui unit ces âmes est très puissant. Elles se retrouvent donc et se reconnaissent. Toutefois, comme les âmes sont libres, elles peuvent choisir de ne pas vivre leur action dans la *physicalité.* Et ne dites pas: «Oh malheur! C'est terrible!». Ceci *est,* point à la ligne, car vous êtes libre. Vous êtes constamment le maître de votre vie. Ainsi, vous pouvez retrouver l'âme sœur primordiale et choisir de ne pas agir avec elle dans la *physicalité*. Toutefois, les liens télépathiques sont toujours présents et l'action peut se poursuivre, avec ou sans la conscience. Il est certain qu'avec la conscience, l'action de la mission est favorisée. Alors vous pourriez dire à cette âme soeur primordiale: «Je ne veux pas vivre une action dans la *physicalité*. Toutefois, télépathiquement, relions-nous à travers des temps de méditation une fois par mois.» Ainsi, consciemment, par les liens télépathiques, vous aligneriez la vision et la force servant la famille.

Si vous êtes dans le noyau, il est fort aisé de savoir si votre âme soeur primordiale est incarnée ou non. Vous n'avez qu'à vous connecter et si cette âme est incarnée, vous ressentirez une forte densité. Si au contraire vous ressentez que le lien est légèrement flottant, c'est qu'elle n'est pas incarnée. Toutefois, elle n'est pas loin. Même si elle n'est pas incarnée, vous pouvez reconnaître le lien, ressentir sa présence dans l'au-delà et unir votre force d'action sur la planète Terre.

Lorsque vous vous reconnaissez et choisissez d'agir ensemble, que vous soyez au sein d'un couple, homme-homme, femme-femme, homme-femme ou que cette âme soeur primordiale soit un enfant et que vous soyez la mère ou le père, ou encore que vous soyez des amis ayant chacun un conjoint, ceci importe peu. L'important c'est que vous choisissiez, en toute liberté de conscience et de coeur, d'unir, de fusionner vos énergies pour servir un plan qui vous sera totalement révélé, car c'est le plan de votre famille d'âmes. Toutefois, vous êtes libre et l'autre est libre aussi. Ainsi, tout est possible. Il n'y a pas d'obligations. Ce qui ne sera pas rencontré dans cette vie pourra être revécu dans une autre.

Lorsque nous avons transmis cet enseignement dans la ville de Paris, une âme soeur primordiale, qui n'a pas été accompagnée dans la *physicalité* par «sa moitié», a levé la main et nous a demandé: «Puisque mon âme sœur primordiale ne veut plus collaborer avec moi dans la *physicalité*, puis-je changer de position, s'il vous plaît?». Cela ne dépend pas de nous. Nous avons informé cette âme qu'il n'est pas recommandé de changer de position par blessure, par conditionnel, par déchirement intérieur ou par réaction, car les familles d'âmes vivent dans l'amour inconditionnel. Nous l'avons également informé qu'il est certes possible de changer de position. Toutes les âmes peuvent, à un moment très précis de leur évolution, quitter la position qu'elles occupent dans la famille pour aller vers une autre position. Toutefois, le choix ne vient pas de la planète Terre.

Ainsi, nous lui avons expliqué qu'il lui sera possible de quitter le nucléus lorsqu'elle quittera cette planète, qu'elle retournera dans sa famille d'âmes, et là, si elle le choisit toujours, elle pourra quitter cette position. Elle peut aussi tenter de quitter le nucléus en étant incarnée, en acceptant, dans la conscience et non pas dans la blessure, de vivre des étapes de transmutation de l'âme incarnée pour pouvoir vivre cette transmigration, ce changement de position. Toutefois, ces passages sont très exigeants, *très exigeants*. Ils sont une forme de voie initiatique rarement vécue sur la planète Terre et nous ne la suggérons pas. Comme cette âme insistait, nous lui avons transmis l'information suivante: il serait fort délicat de changer de position par blessure; les résultats pourraient être une plus grande blessure de l'âme.

Ainsi, si vous faites parti du nucléus et que vous choisissez de vous diriger par des étapes de transmigration vers la périphérie, ce choix ne vient pas de l'incarnation. Vous pouvez changer de position, tout comme vous pouvez choisir de retourner à l'étincelle, de vous fondre à la Source, de naître à nouveau, de re-choisir le manteau âme, la vibration d'une autre famille. Cette position n'est pas fixe. Votre identité n'est pas une structure rigide. Il n'est pas nécessaire d'occuper toutes les positions dans une cellule familiale pour retourner à l'étincelle. Vous pourriez choisir l'identité de votre âme, vous loger dans le nucléus et de ce nucléus, retourner à l'étincelle. Vous pourriez aussi être dans le filtre et de ce lieu, choisir de vivre les étapes de transmigration pour retourner à l'étincelle. Vous êtes libre.

Maintes entités terrestres nous questionnent et nous demandent: «Sommes-nous obligés à la même famille pour l'éternité?» Sur le plan terrestre, vous connaissez une limite de temps, toutefois dans l'au-delà le temps n'existe pas. Le mouvement de la vie est éternel. Mais soyez sans crainte, vous pouvez changer de famille mais non pas au gré de l'ego ni des incarnations. Il est possible pour toute âme de retourner à l'étincelle, de vivre la transmigration. Ces étapes sont choisies par l'âme pour servir la Source, non pas pour servir les blessures de l'incarnation. Toutefois, pas une fois l'an car le temps n'existe pas dans l'au-delà.

En résumé

Si vous êtes dans le noyau, vous avez une **âme soeur primordiale**. Vous pouvez aussi avoir des âmes sœurs autres que primordiales; toutefois, elles seront dans la même famille que vous. Vous ne pouvez pas avoir d'âmes soeurs qui appartiennent à une autre famille car ceci irait à l'encontre même de votre fonction première qui est de maintenir le noyau très solide. Vous avez donc des liens d'âme soeur au-delà de ceux de l'âme sœur primordiale mais toujours dans la même famille d'âmes.

Pour toutes les positions autres que celle du noyau, vous n'avez pas d'âme soeur primordiale, mais vous avez la possibilité d'avoir des **âmes soeurs** appartenant à votre famille ainsi qu'à d'autres familles. En reconnaissant vos liens, vous aidez les familles d'âmes à s'unir sur la Terre. Vous pouvez également avoir des liens d'**âmes jumelles** et d'**âmes doubles** mais ces liens se vivront toujours au sein même de votre famille.

Si vous pouviez voir les **différents liens qui unissent les âmes**, voici à quoi ils ressembleraient: pour les **âmes soeurs**, il existe des ponts de lumière au-dessus de leurs têtes. Si vous réunissez en paire deux âmes soeurs, vous pourrez contempler ces ponts de lumière qui se multiplient à l'infini. En ce qui concerne les **âmes jumelles**, tous leurs chakras sont reliés entre eux, c'est-à-dire la base avec la base, le hara avec le hara, et ainsi de suite, par de longues torsades de lumière. Ce ne sont pas des ponts mais bien des tubes, des cordons de lumière. Pour ce qui est des **âmes doubles**, elles ne créent pas la même forme de réceptacle, c'est-à-dire qu'elles ne créent pas de cocon. Elles sont portées par une forme triangulaire qui n'a pas de teinte, qui est totalement transparente. Les **âmes soeurs primordiales**, quant à elles, s'imbriquent l'une dans l'autre. Il arrive très souvent qu'elles se ressemblent profondément, au niveau vibratoire et même physiquement. Il en est de même pour les âmes jumelles car il y a complémentarité. Développez votre perception.

Donc, en résumé, les **âmes soeurs** peuvent appartenir à la même famille ou à des familles différentes, les **âmes jumelles** ne peuvent appartenir qu'à la même famille occupant soit la même position ou des positions très rapprochées, les **âmes doubles** ne peuvent appartenir qu'à la même famille et occuper la même position tandis que les**âmes soeurs**

primordiales ne peuvent appartenir qu'au noyau d'une même famille, leur identité étant trop forte pour avoir des liens avec des âmes d'une autre famille.

Reconnaissance entre âmes

Plusieurs personnes nous questionnent à savoir comment se vit une reconnaissance entre deux âmes. Cette reconnaissance ne se vit pas au niveau de l'enveloppe physique mais plutôt au niveau des fluides. Au sein de la même famille, il y a une reconnaissance qui ne s'explique pas intellectuellement. Lorsque des fluides identiques se rencontrent, ceci permet une respiration, une forme d'élargissement de vos corps. Par exemple, si vous pouviez voir **deux âmes de la même famille** se retrouvant dans un lieu public, vous pourriez observer que tous les corps subtils soudainement s'ouvrent et respirent.

Imaginez qu'ils soient dix ainsi dans une gare. Cette rencontre créerait une vibration de lumière, car les fluides s'interpénétreraient et les cocons, soudainement, vibreraient ensemble au même taux. Ceci entraînerait une respiration pouvant devenir totalement unie et même agir dans une action de guérison quasi automatique des cristallisations des uns sur les autres. Tel est le lien des âmes qui appartiennent à la même famille.

S'il s'agissait d'**âmes soeurs de la même famille**, tout ce mouvement serait intensifié car les ponts de lumière, unissant les couronnes, s'illumineraient. Ces ponts étant semblables à des vases communiquants, ceci créerait une force qui unirait encore plus les âmes, intensifiant la respiration, intensifiant l'échange du fluide vibratoire.

Maintenant, imaginez que vous rencontriez **une âme d'une autre famille**. Il se peut que vous mettiez un certain temps à reconnaître le fluide et à l'ajuster. Lorsque ceci sera fait, vous pourrez ensemble unir encore plus vos familles.

Toutefois, si vous étiez des **âmes soeurs appartenant à deux familles différentes**, par exemple un Guérisseur occupant la position de stabilisateur et un Maître occupant la même position, vous devrez certes ajuster vos fluides. Toutefois, puisque vous êtes des âmes sœurs, ce sera plus facile car il y aura des ponts vous unissant depuis maintes vies. Ceci crée immédiatement une reconnaissance entre les deux âmes qui veulent nourrir à nouveau les ponts dans cette incarnation, facilitant ainsi l'ajustement des fluides. Et par la reconnaissance de vos ponts, vous incitez les âmes de votre famille à se retrouver, à se reconnaître et à s'ajuster. Vous aidez l'union des Maîtres avec les Guérisseurs. N'est-ce pas merveilleux?

Comme vous êtes libre, vous pouvez toujours créer une plus grande force au sein des liens d'âmes et même créer de nouveaux liens. Plus les familles sont unies, plus elles ajustent leur taux vibratoire, dans la lumière et la divinité, et plus elles créent une force de cohésion cellulaire sur la planète Terre.

QUESTIONS

Q: Lorsqu'une âme vit la transmigration, quitte le nucléus et se retrouve dans les stabilisateurs, est-ce que le lien qui unissait les deux âmes soeurs primordiales s'est amoindri? Est-ce qu'elles deviennent des âmes soeurs conventionnelles?

R: Certes, certes, certes! Car la transmigration enlève la densité. Par le fait même, la transmigration de l'une entraînera un effet de transmigration sur l'autre. Toutefois, comme les âmes sont libres, cette âme pourra refuser de subir l'influence d'élévation de son taux vibratoire ou l'accepter. Elle ne sera plus primordiale à l'autre. Si vous changez de position, vous n'êtes plus âme soeur primordiale. Car l'état d'âme soeur primordiale se vit uniquement au sein de la densité, de l'identité du nucléus.

Q: Serait-il possible que le nucléus d'une cellule ne soit composé que d'âmes soeurs primordiales «séparées»?

R: Non. Ce qui créée la force du nucléus est justement la présence des âmes soeurs primordiales réunies en paire, la force d'attraction qui unit ces âmes. Lorsqu'elles sont séparées, cette force n'existe plus.

Q: Comment les âmes soeurs primordiales sont-elles créées?

R: Lorsque l'étincelle se scinde, elle le fait dans le manteau âme. Par le fait même, pour un temps, il y a deux parties d'étincelle qui habitent un même manteau. À un moment précis, le mouvement se poursuit et le manteau aussi se scinde pour devenir deux manteaux. Pour l'âme, il y a constamment mémoire de ceci car ce mouvement s'est vécu dans un manteau âme. Alors que pour l'étincelle, la seule et unique mémoire qu'elle possède est la fusion, non pas avec une autre, la fusion, point à la ligne.

Q: Est-il possible que nous reconnaissions une âme soeur mais que l'autre ne nous reconnaisse pas?

R: Certes, certes, certes! Car la reconnaissance de la vibration d'une âme soeur, ou d'une âme appartenant à votre famille, dépend d'un niveau de transparence intérieure. Toutefois, lorsque votre âme rencontre une âme soeur, elle vibre. Est-ce que l'ego veut bien entendre cette vibration? Si l'ego est transparent, il va vibrer tout autant, mais si l'ego ressemble à un gratte-ciel, il se peut qu'il soit secoué et immédiatement qu'il se ressaisisse et se ferme, même si il y a eu fissure à la base. Vous êtes alors en présence d'un rendez-vous avorté.

Q: Vous parlez de différentes sortes de vibrations dans l'au-delà, entre autres des Guides. Peut-on avoir un ou plusieurs Guides? Font-ils partie de la même famille que nous ou existe-t-il une famille des Guides?

R: Dans votre incarnation, beaucoup de vos Guides appartiennent à votre famille d'âmes. Il est également possible que vous ayez des Guides qui appartiennent à une autre famille, ces derniers vous guidant vers une âme soeur qui appartient à la même famille qu'eux. Tout se tient.

Q: Vous dites que ce qui est en haut est comme ce qui est en bas. Dans la *physicalité*, j'ai quitté ma famille terrestre car j'étouffais. Est-il possible de faire la même chose avec notre famille céleste, notre famille d'âmes?

R: Les projections terrestres n'existent pas dans l'au-delà car vous reposez au sein même de la Source. Le sentiment d'étouffer n'existe pas de l'autre côté des choses. Vous êtes totalement dans l'expression de votre divinité, vous vous sentez uni. Toutefois, certaines familles sont composées de plusieurs nucléus et, lorsque ces familles sont en mutation, elles se scindent pour créer d'autres familles, toujours dans l'énergie de l'identité première de la famille.

Lors de ces mutations, lorsque le noyau se divise ou lorsque les noyaux qui étaient regroupés se séparent pour former de nouvelles familles, il se crée un niveau de fragilité au niveau des fluides vibratoires qui circulent dans la famille. Certes, certaines âmes, même si elles reposent dans la Source, peuvent utiliser ce moment de fragilité pour choisir de s'éloigner de la famille d'âmes et même choisir de se diriger vers l'ombre. Car l'ombre existe aussi dans l'au-delà. Toutefois, la densité telle que vous la connaissez ici-bas n'y existe pas.

Nous disions donc que lorsque les familles sont en mutation, le temps que la famille se réorganise et que tous les fluides retrouvent leur position, leur emplacement et leur fluidité, il arrive que des âmes réagissent à ces mouvements. Elles peuvent se révolter et choisir une autre vibration que la divinité. L'au-delà n'est pas un lieu de repos. Vous êtes constamment en évolution.

Vous avez choisi une famille terrestre. Vous étouffez au sein de cette famille et nous vous invitons à guérir cet étouffement. *Guérissez cet étouffement.* Cette famille terrestre est le miroir d'un niveau de conditionnement terrestre. Ce conditionnement n'existe pas nécessairement dans l'au-delà et votre famille d'âmes peut vous aider dans cette guérison.

Q: Pourriez-vous élaborer au sujet des rencontres avortées?

R: Lorsque vous avez choisi l'incarnation, vous avez choisi de retrouver votre famille. Nous ne parlons pas de la famille terrestre mais bien de la famille céleste. Que ce soit au sein de votre famille d'âmes ou au sein de familles différentes, vous vous êtes donné des rendez-vous d'âmes soeurs fort spécifiques. Toutefois, à travers le filtre de l'incarnation, vous avez oublié ces rendez-vous mais les rendez-vous, eux, ne vous ont pas oubliés car vous portez constamment votre famille d'âmes; vous êtes toujours qui vous êtes et même si vous l'avez oublié, votre âme continue de vous pousser. Quelquefois elle vous pousse à un rendez-vous, vous contemplez et vous ne voyez pas ce que vous faites là. Alors vous quittez. Vous avez passé à côté d'une rencontre importante simplement parce que les cheveux étaient trop courts, les vêtements n'étaient pas à la mode, la vibration de la voix ne vous plaisait pas, le lieu n'était pas propice et ainsi de suite. Toutes les raisons terrestres peuvent exister pour expliquer le rendez-vous manqué. Toutefois, nous utilisons le terme «manqué» non pas pour juger cette situation mais simplement pour vous faire image. Même si vous ne le savez pas, votre âme sait, l'âme de l'autre ou des autres sait que le rendez-vous devra se reproduire, et un autre rendez-vous sera fixé.

Par contre, ces rendez-vous manqués laissent une pesanteur vibratoire, une forme d'énergie résiduelle dans votre *shushumna.* C'est pourquoi nous avons transmis à des guérisseurs un rituel permettant d'intervenir et de décristalliser ces résidus de rendez-vous manqués, permettant ainsi à l'âme et à la personnalité de s'aligner à nouveau vers les prochains rendez-vous. Ceci n'est ni bien ni mal, ceci est. Vous pouvez choisir de manquer vingt cinq rendez-vous. Vous pouvez choisir de vivre trois rendez-vous. Vous êtes le maître de votre vie, vous êtes libre.

Q: Comment savoir s'il y a un rendez-vous d'âmes?

R: Lorsqu'il y a un rendez-vous, votre âme le sait. Elle le communique à travers vos sens à toutes les cellules de votre enveloppe physique. Vous existez dans cette incarnation à travers vos sens et votre âme communique avec votre conscience à travers ces sens. Il se peut que la personnalité soit très fière du rendez-vous car l'entité qui est devant vous correspond aux critères de votre société: il ou elle n'a pas l'air d'un extraterrestre. Votre personnalité est flattée alors que votre âme réagit par un léger mouvement de recul. Votre personnalité se questionne «Que se passe-t-il avec cette âme? À quoi réagit-elle? Pourquoi est-elle triste?» Votre âme vient de reconnaître une âme de sa famille avec qui, à travers les incarnations, il y a eu maintes blessures et voilà que se présente à nouveau la possibilité de guérir... Qu'elle soit triste ou joyeuse, l'âme dit «Enfin!».

Il se peut également que la personnalité soit choquée. Alors, comment reconnaître? Votre âme communique par ce qu'il y a de plus profond en vous. Elle n'est pas dans les réflexes conditionnés, elle est dans la profondeur de votre perception alors que la personnalité, elle, agit à la surface. Vous n'allez pas *savoir* qu'il y a un rendez-vous d'âmes, vous allez le *ressentir*.

Q: Vous avez déjà parlé de «walk-in». Pourriez-vous nous expliquer ce que vous entendez par «walk in»?

R: Afin de vous aider à bien comprendre le phénomène du «walk in», imaginons ensemble le scénario suivant: deux âmes non incarnées choisissent, dans l'au-delà, de «partager» une incarnation, tout comme deux conducteurs pourraient choisir de partager le même véhicule automobile. L'une d'entre elles choisit de vivre les premières années de vie, jusqu'à tel âge, et l'autre prendra la relève par la suite. Dans la *physicalité*, à l'âge où le changement d'âme doit s'effectuer, la personne vit un traumatisme, que ce soit un accident, une maladie grave..., souvent accompagné d'un coma, élément déclencheur dont les âmes se serviront pour effectuer le changement. L'âme qui habitait le corps depuis la naissance quitte et est remplacée par l'autre. À son réveil, la personne est souvent confuse, ne reconnaît plus très bien ses parents ou amis, se sent perdue dans cette vie qui est totalement nouvelle pour l'âme qui vient de prendre possession du corps. **Walk in**... Les probabilités sont très élevées que ces âmes soient de la même famille et occupent la même position au sein de la famille. L'ajustement est ainsi beaucoup plus aisé pour l'âme qui s'installe.

Toutefois, il se peut qu'elles soient de familles différentes, ce qui rend le phénomène plus difficile à vivre. Quel est le but? Le but est d'unir les familles. Imaginez que l'âme qui habitait l'enveloppe était de la famille des Chamans et que la nouvelle âme soit de la famille des Enseignants. Dans les cellules de l'enveloppe physique, vous allez retrouver le mariage de l'énergie des Chamans et des Enseignants. Par le fait même, à travers cette enveloppe, il y aura déjà un lien entre ces deux familles. Toutefois, l'intégration de la nouvelle âme sera plus difficile à vivre car l'âme qui habitait l'enveloppe appartenait à une autre famille. Maints «Walk-in» sont de la famille des Passeurs. Ceci est typique à cette famille dont les âmes ont une très grande facilité à changer d'enveloppe du fait que leur densité n'est pas très forte.

Q: Il est assez difficile, avec tous les conditionnements que nous transportons, de saisir quel est le sens «céleste» de la séparation de deux âmes sœurs primordiales lors de la scission d'une cellule. Ce mouvement semble créer tout un tremblement de terre au niveau de ces âmes...

R: Lorsque deux âmes sœurs primordiales se séparent, il se peut que ceci créée un déchirement, une révolte, mais pas en termes d'émotions terrestres. Toutefois l'acceptation n'est pas toujours totale et ceci affaiblit l'identité vibratoire de ces âmes. C'est un test. Toutefois, si l'âme a choisi de faire partie de la scission du nucléus et de quitter l'âme-sœur, c'est qu'elle avait la capacité de le vivre! Et l'autre aussi. Pour servir, elles ont choisi de se séparer... Nous allons utiliser un terme fort terrestre pour vous imager: elles ont choisi de se «sacrifier» pour la famille!

Q: Qu'est-ce qui fait qu'une âme sœur primordiale choisit de se «sacrifier» pour la famille?

R: Votre âme porte constamment l'étincelle. C'est votre code génétique. Le but premier d'exister en tant qu'âme est de servir l'étincelle en vous, servir la Source et, par le fait même, servir la famille! Non point celle terrestre mais bien la famille d'âmes. Ainsi, l'âme-soeur primordiale peut choisir de se séparer pour servir l'évolution de sa famille et, par le fait même, de son âme. Vous ne pouvez pas vraiment comprendre ceci avec votre ego mais dans l'au-delà la séparation n'existe pas, même s'il y a scission.

Q: J'avais toujours cru que les âmes soeurs étaient âmes soeurs pour l'éternité; n'en est-il pas de même pour les âmes soeurs primordiales?

R: Ceci est un niveau de conscience. Certes, l'éternité est un vase, un réceptacle, il n'y a pas de fin à l'éternité. L'âme soeur primordiale a son identité avec l'autre. Sans l'autre, qui est-elle, dites-nous? Elle redevient elle-même dans sa famille, point à la ligne. Vous utilisez le conditionnement terrestre pour comprendre ce que nous tentons de transmettre, alors que nous vous parlons des lois célestes, des lois sans conditionnements.

Comme nous l'avons expliqué, vous êtes une flamme, une étincelle qui s'est subdivisée en deux, en trois, en quatre, en six... Croyez-vous que ceci vous manque? Vous pourriez, certes, y mettre des émotions terrestres et tenter de nourrir cette recherche de l'autre étincelle, et nous vous dirions que vous êtes dans l'ego, car lorsque l'étincelle se divise, l'étincelle est pure divinité! Il n'y a pas d'identité! Croyez-vous que la Source pleure parce que vous n'êtes plus présent en son sein? Ainsi, de vous nourrir du fait que vous manquez l'autre étincelle est un jeu de l'ego spirituel et, certes, ces émotions peuvent être vécues dans l'âme! Nous ne disons pas de nier ceci; toutefois, saisissez que lorsque l'étincelle se divise, elle ne possède pas d'identité, elle est pure vibration! Il n'y a donc pas de manque! Toutefois, au niveau des âmes, il y a identité mais cette identité n'est pas terrestre, elle est céleste! Vous semblez créer une fixation au niveau des âmes soeurs primordiales: ceci est la dépendance affective terrestre ou l'ego spirituel du Nouvel Âge. Lâchez prise et respirez!

Q: Comment est-ce possible que, dans l'au-delà, des âmes choisissent de s'associer au mouvement de l'ombre?

R: Les âmes sont toujours autonomes et libres de leurs choix. Prenons l'exemple des âmes qui se retrouvent au sein du nucléus. Par le fait même, elles ont une identité très puissante. Cette identité est aussi un test car imaginez qu'une de ces âmes se mette en colère lorsque, dans un mouvement de scission, elle se sépare de son âme soeur primordiale. Il est fort possible que dans sa colère elle choisisse de se diriger vers l'ombre et puisse ainsi recréer une famille d'âmes dans l'ombre. Elle n'aurait qu'à s'associer avec d'autres qui ont vécu des scissions et qui appartenaient à d'autres localisations. C'est ainsi que vous retrouvez des familles d'âmes se nourrissant de la non-lumière. Fort simple, n'est-ce pas? Et soyez sans craintes, ces âmes ont constamment la possibilité de choisir la lumière à nouveau car la Source ne juge pas leur action.

Ne jugez pas votre ombre. Elle est partie inhérente de l'incarnation. Vous êtes constamment entouré de l'ombre. Nous aussi côtoyons constamment l'ombre:

l'ombre est là, nous saluons l'ombre et nous l'aimons. Toutefois, nous ne la choisissons pas. Ainsi, dans votre vie dite personnelle ou transpersonnelle, la question est: *«Que choisissez-vous?»* Choisissez-vous de nourrir la colère en vous, de nourrir la haine? Ou choisissez-vous de reconnaître qu'il y a colère, sans toutefois vous y associer? *Vous êtes libre!*

Q: Lorsqu'une cellule se scinde, vous dites qu'il peut se créer un espace de faiblesse au niveau de la cellule et que cet espace sert la Source. Pourriez-vous élaborer sur ce sujet?

R: Nous avons utilisé ce terme pour vous faire image. Toutefois, le mot faiblesse n'est pas le mot juste. C'est plutôt un état d'évolution. Lorsqu'il y a cet espace de perte d'identité pour retrouver une nouvelle forme d'identité, il y a encore une fois évolution et passage. Tout état d'évolution entraîne un mouvement et l'espace du mouvement entraîne une circulation plus ou moins grande d'énergie. S'il y a résistance, refus de collaboration ou questionnements, certaines âmes peuvent utiliser ceci pour réagir à la lumière et choisir d'aller vers des espaces plus sombres. En effet, dès que vous créez un mouvement, vous pouvez aussi créer une résistance. Quand nous disons que ceci sert constamment la Source, c'est qu'il n'y a pas de jugement. Toute évolution sert l'évolution, sert le mouvement, sert la Grâce.

Chapitre 5

Teintes et correspondances vibratoires

Nous allons exiger de vous une gymnastique des hémisphères. Osez vous perdre pour mieux vous retrouver.

Si vous pouviez développer et élargir votre conscience, vous pourriez vous tourner vers votre voisin ou votre voisine, et non pas voir uniquement le maquillage, mais bien voir la teinte vibratoire de son âme. Nous ne parlons pas ici de la teinte de l'aura mais bien de la teinte qui est associée aux différentes familles d'âmes.

L'aura est la somme des énergies que vous incarnez dans la *physicalité*, dans l'inconscient collectif, dans le lieu que vous habitez, avec la pollution, sans la pollution, avec la pleine lune, sans la lune... Ceci est l'aura. L'aura est ce qui émane de votre cocon de lumière. La teinte vibratoire de votre âme est ce qui émane de votre âme, point à la ligne.

Imaginez que vous vous éleviez au-delà de la planète avec de grandes jumelles pour chercher votre famille d'âmes. Vous n'auriez qu'à contempler les points de lumière que vous verriez et, selon la teinte, vous sauriez dans quels lieux se trouvent des membres de la famille des Guérisseurs, de la famille de la Communication, des Chamans et ainsi de suite. Vous verriez des flammes colorées scintiller un peu partout sur la planète. Vous pourriez dire «Mmhhh!.. Il y a des âmes de ma famille qui sont parsemées dans la ville de New-York! Il y a un regroupement dans la ville de Québec! Un autre à Paris! ...».

Nous allons maintenant vous décrire la teinte vibratoire associée aux différentes familles et, par le fait même, aux âmes qui les composent. Il se peut que vous ayez l'impression que nous inventons des teintes nouvelles, mais il n'est pas toujours aisé de mettre des mots terrestres sur des «réalités célestes»... Allons-y quand même.

Pour la famille des **Guérisseurs**, la teinte vibratoire est le vert émeraude.

Pour la famille des **Guerriers Guérisseurs**, la teinte vibratoire est le vert émeraude teinté de la couleur ambre, soit vert ambré.

Pour la famille des **Chamans**, la teinte est le vert mélangé d'orange.

Pour la famille des **Guérisseurs Enseignants**, la teinte est le vert-bleu profond.

Pour la famille des **Maîtres**, la teinte est la couleur or.

Pour la famille des **Guerriers**, la teinte vibratoire est la couleur ambre.

Pour la famille des **Enseignants**, la teinte vibratoire est le bleu profond.

Pour la famille des **Alchimistes Fées**, la teinte vibratoire est le rose nacré, teinté de rouge feu.

Pour la famille de la **Communication**, la teinte est le bleu cendré et perlé.

La teinte des **Passeurs** est le violet très pâle, teinté de blanc.

La teinte vibratoire de la famille des **Piliers** est argentée.

La teinte vibratoire de la famille des **Mécaniciens** est le brun doré.

Et finalement la teinte vibratoire qui correspond aux **Initiateurs de Conscience** est telle une non teinte, une luminosité transparente.

Il est également possible d'associer les différentes familles aux chakras du corps humain. Toutefois, vous allez être obligé d'étirer votre conscience!

Si nous prenons l'exemple du corps humain, vous pourriez dire que la famille des **Maîtres** correspond à la région de la couronne. La vaste famille des **Guérisseurs** correspond à la région du cœur, celle des **Chamans** à la région du hara et les **Passeurs** correspondent à la région située entre le plexus et la gorge, circulant beaucoup dans la région de la conscience, de la gorge, du plexus et du cœur, car les Passeurs sont très fluides. La famille des **Guerriers** correspond également à la conscience, les **Guerriers Guérisseurs** se situent autour du thymus et du plexus. Les **Piliers**, quant à eux, sont à la base, aux genoux, aux pieds et tout autour, se promenant constamment puisque cette famille patrouille et surveille les autres univers. Ces âmes sont donc associées, toujours dans l'image d'un corps, d'un arbre de vie, à l'enracinement:

genoux, base, chevilles, tout en se promenant toutefois. Les **Mécaniciens** sont plus près de la région des Maîtres, dans la région de la couronne, de la conscience. Les **Alchimistes-Fées** correspondent au second chakra, soit la porte de la conscience. Les **Enseignants**, quand à eux, correspondent aux surrénales, dans la région de la *shushumna* en entier. La famille de la **Communication** correspond au plexus et au cœur, non loin des Guérisseurs et des Guerriers Guérisseurs. Toutefois, ils communiquent à travers le cœur et le plexus tout en se promenant vers la gorge. C'est une famille très fluide, stable mais fluide.

Si nous tentons de vous communiquer l'univers des âmes et la compréhension de la localisation des familles au sein d'une plus grande cellule qui ressemble à un corps, c'est pour vous aider à comprendre l'importance de vos familles au sein du mouvement de l'univers. Vous savez que votre planète aussi possède des chakras. Certaines régions, certains pays représentent les chakras. C'est pourquoi vous allez retrouver des agglomérations de certaines familles dans des lieux très précis.

Ce corps que nous venons de vous décrire se transpose sur la planète Terre, se transpose sur les autres planètes que vos familles d'âmes, que les âmes de votre famille ont choisi d'habiter pour une période donnée. Ainsi, ces corps se transposant, il s'établit un réseau de communication, de chakras en chakras, de planètes en planètes, de corps en corps. Tout se tient! *Tout se tient!*

EXERCICE

Nous vous invitons maintenant à porter la teinte vibratoire de votre famille dans votre conscience, dans votre cœur et dans votre hara. Entrez en résonance avec la teinte vibratoire de votre famille, qui est la couleur profonde de votre âme. Respirez profondément cette couleur, nommez votre famille et appelez-la intérieurement. Appelez votre âme et les âmes de votre famille qui sont sur la Terre et dans l'au-delà à travers un chant mantrique dont les vibrations s'allongent au-delà du AUM. Nous vous invitons à intensifier la vibration de votre âme dans toutes les cellules de votre corps.

Voici le mantra: A UM NE U I NAH *(prononcer A OUM NÈ OU I NA)*

Chantez ce mantra en demandant à la vibration de votre famille d'âmes, à la teinte vibratoire de votre famille, de purifier en vous toute cristallisation qui vous éloigne de la reconnaissance de votre identité et de votre position. Demandez à la vibration de votre famille céleste de vous guider dans la réunion et la communion des âmes qui appartiennent à votre famille sur la planète Terre. Demandez à la vibration de votre famille d'âmes de vous guider dans la reconnaissance de la vision, la vision de votre identité, de votre incarnation, de votre famille, vision servant l'évolution de la Terre. Laissez l'énergie de votre famille entrer dans la profondeur de vos chakras; enracinez votre identité à travers la divinité et l'amour. Inspirez votre famille et expirez dans l'enracinement.

Chantez ce mantra en déposant vos mains sur votre cœur, dans la région du point d'attache de votre âme. Reconnaissez qui vous êtes. Ouvrez votre cœur, ouvrez votre conscience à qui vous êtes. Reconnaissez le lien télépathique qui existe avec toutes les âmes de votre famille sur la planète Terre, qui ont choisi, comme vous, l'incarnation. Contemplez la flamme vibratoire des âmes de votre famille sur la planète Terre. Contemplez! Êtes vous nombreux? Contemplez! Nourrissez ce lien en reconnaissant qui vous êtes. Reconnaissez!

Chantez ce mantra en inspirant profondément jusque dans votre ventre et expirez dans la profondeur de votre ventre. Videz l'air de vos poumons et à nouveau, inspirez jusque dans la profondeur de votre ventre puis expirez à nouveau; videz l'air, videz, *videz*. Et à nouveau inspirez la lumière jusque dans la profondeur de votre ventre, maintenez la lumière et expirez la lumière, chassez l'air de vos poumons. Inspirez le lien, inspirez votre famille d'âmes... inspirez, maintenez, maintenez et expirez. Videz l'air et à nouveau inspirez votre famille d'âmes, inspirez la teinte vibratoire, inspirez votre identité, maintenez, maintenez, expirez. Retrouvez votre souffle, votre rythme et étirez doucement l'enveloppe physique.

Avant de terminer, nous aimerions ajouter que de porter consciemment des vêtements de la même teinte que votre famille d'âmes aide à établir, et plus encore à maintenir, le contact avec elle.

Chapitre 6

L'Âme Mère et la vision

Ne tentez point de forger le futur car le futur passera par la canalisation de votre essence, de votre cœur, de ce que vous ressentez sain et bon pour vous. Vous êtes votre voie, alors suivez votre voie.

L'exploration de conscience que nous vous invitons à vivre exige que vous lâchiez prise sur certaines formes de pensées, sur certaines croyances que vous avez au sujet des familles, des âmes sœurs, des étincelles, des Anges et ainsi de suite. Votre conscience devra s'étirer à nouveau. Tout ceci afin de vous permettre une vision encore plus vaste de l'univers des âmes.

Vous venez de l'étincelle, vous êtes l'étincelle. Toutefois, maintes âmes sur la planète ne reconnaissent pas qu'elles sont des âmes venues vivre l'incarnation. Elles se croient des automates, des robots, n'ayant qu'une vie. Elles croient tout simplement que seul l'ego existe, que seul le corps physique existe, telle une enveloppe.

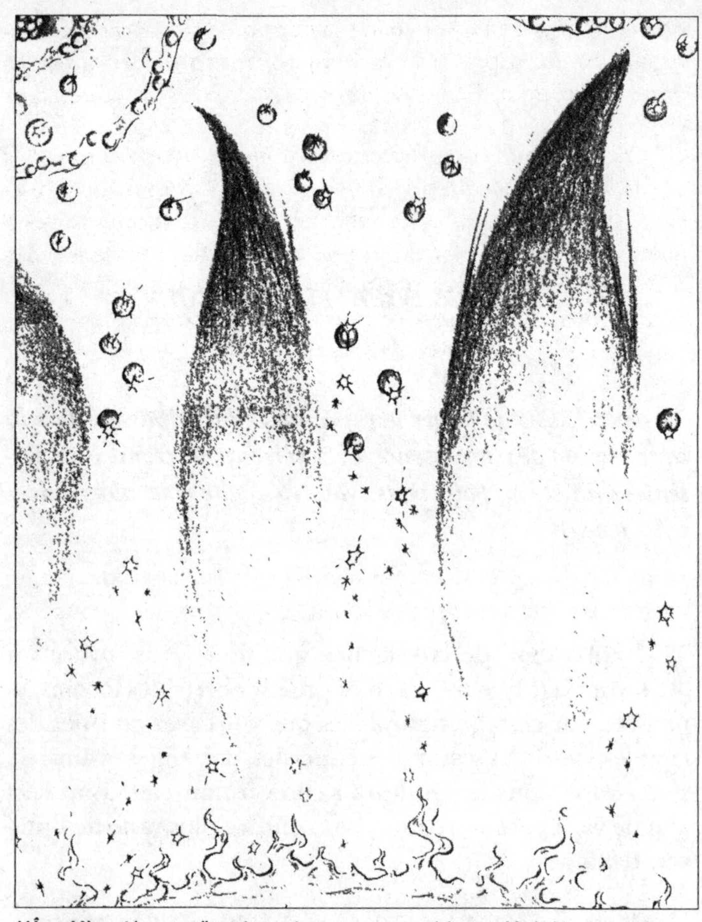

L'Âme Mère et les sas vibratoires, tels que perçus en vision par Marie Lise Labonté.

Ainsi, il est fort important que vous éveilliez les autres âmes à l'univers des âmes, et ce, à votre rythme, dans votre partage, dans l'expérience de qui vous êtes. Vous n'êtes pas l'enveloppe physique, vous n'êtes pas votre maison ni votre époux ou votre épouse. Vous êtes qui vous êtes. Vous êtes l'âme habitée de l'essence, de la flamme qui a choisi de s'incarner et qui a pris une enveloppe physique, qui a choisi père, mère, époux, épouse, profession et ainsi de suite...

Tout ce que nous venons de nommer ne sont que des outils servant l'évolution de votre âme. L'enveloppe physique aussi est un outil. Le lieu que vous habitez, votre véhicule, votre époux, votre épouse, vos enfants sont aussi des outils servant votre évolution, l'évolution de votre âme. Tout ce qui vous entoure sert ce but ultime. Votre famille d'âmes est un outil. Vous pouvez choisir de la rejeter ou de l'épouser.

Nous allons vous présenter une vision qui touche profondément la vôtre. Comment décoder votre vision? Méditez, priez, soyez à l'écoute des signes de la Grâce qui guide votre vie. Ne tentez pas de retenir votre vision, laissez-la être, car votre âme sait pourquoi elle est sur cette planète. Il se peut que ses blessures, provenant de maintes existences, créent une forme d'énergie trouble, une sorte de confusion, l'âme résistant à l'incarnation et voulant retourner dans l'au-delà. Toutefois, malgré ses blessures, malgré le manteau karmique, votre âme sait. Ainsi vous savez. Vous savez quelle est votre vision, quelle est la vision de votre famille, qui est la même que la vôtre. Qu'êtes-vous venu retrouver sur la planète? Qui êtes-vous venu aider? Quelle âme sœur vous attend? Toujours dans le but de servir la Source.

Nous allons maintenant vous guider dans une explosion de conscience. Nous aimerions vous présenter l'Âme Mère. L'Âme Mère est cette vibration qui, comme une forme de filtre, englobe toutes les familles d'âmes. Toutefois, il n'existe pas de terme terrestre pour la décrire. Elle n'est ni féminine ni masculine. C'est une âme fort vaste. Vous pourriez certes la décrire comme un plan vibratoire englobant l'univers des âmes, mais ce terme ne serait pas tout à fait exact. Vous pourriez aussi parler d'une porte vibratoire permettant à l'étincelle de revêtir le manteau âme, tout en étant étincelle, pour ensuite se diriger vers sa famille.

En fait, elle ressemble à une immense vibration servant la Source et transportant son fluide. Elle permet aux étincelles qui choisissent de prendre l'identité de l'âme, de naître dans l'âme, permettant ainsi à l'âme de naître avec l'étincelle, tout ceci à travers son fluide. Nous parlons toujours de l'Âme Mère. Ainsi, lorsque l'étincelle naît de la Source et qu'elle choisit de se diriger vers la vibration d'une âme, de prendre le «manteau âme», elle passe à travers le fluide, le sas vibratoire de l'Âme Mère. L'Âme Mère permet à l'étincelle de revêtir le «manteau âme». Toujours à travers son fluide, elle permet à l'âme, habitée de l'étincelle, de se diriger vers sa famille d'âmes, d'y trouver sa position. Cette position lui permettra de vivre son évolution d'âme et de servir la Source. Ainsi, toutes les familles d'âmes reposent dans le fluide de l'Âme Mère, et l'Âme Mère repose dans la Source. Par le fait même, les familles d'âmes reposent dans la Source.

Vous pourriez certes imaginer l'Âme Mère comme étant un immense vaisseau mère contenant des cellules appelées familles d'âmes. Toutefois, nous utilisons le terme vaisseau pour vous faire image. Nous ne parlons pas d'extraterrestres, nous parlons d'un véhicule permettant d'englober toutes les familles d'âmes. Ce véhicule ne ressemble pas à une auto mais bien à un fluide permettant aux familles d'exister en son sein, lui-même reposant dans les vibrations de la Source.

Dans l'Âme Mère, et tout autour d'elle, existent des étincelles. Ces étincelles sont d'essence pure. Dans leur action, elles nourrissent les familles d'âmes et permettent les échanges, la communion et la communication d'une famille à l'autre. Dans cet espace, vous avez également les stabilisateurs qui survolent, qui voyagent, allant visiter cousins, cousines... Ces stabilisateurs prennent l'étincelle pour voyager plus rapidement; non pas la leur, mais bien une étincelle qui voyage. Les étincelles permettent le mouvement de la lumière entre les familles au sein de l'Âme Mère. Elles enveloppent constamment vos familles. Vous êtes constamment entouré d'elles, non seulement dans l'au-delà mais aussi ici-bas. Elles habitent votre corps céleste, votre corps de lumière. Lorsque vous vivez une expansion de conscience, vous pouvez les contempler tout autour de vous.

Les étincelles sont capables de transporter la Source, de la porter et d'être cette Source dans son essence la plus vive. C'est pourquoi elles transmettent cette vivacité, cette pureté, cette clarté aux familles d'âmes qui, constamment, à travers la bande périphérique, vont capter leur lumière, l'ajustant totalement à l'étincelle qui habite chacune des âmes de la famille. Le fluide émanant des étincelles est capté par la cellule et dirigé vers le noyau qui crée, avec cette énergie, l'alchimie nécessaire pour maintenir l'identité de la famille. Cette énergie ressort ensuite du noyau, traverse le filtre qui l'ajuste au passage, et se dirige à nouveau vers les étincelles. Ce sont les stabilisateurs, toujours accompagnés des étincelles, qui assument la tâche de véhiculer cette énergie hors de la cellule, en direction des autres familles. Les familles d'âmes communiquent entre elles, dans l'au-delà, par une émanation vibratoire, une respiration vibratoire. Le fluide qui permet cette communication est celui de l'Âme Mère. Tout se tient.

Il existe différents degrés, différents niveaux de sas vibratoires. Les sas vibratoires sont tout simplement une forme de passage vibratoire dans lequel l'étincelle ou l'âme peut choisir d'entrer. Ainsi l'Âme Mère peut être comparée à un sas vibratoire fort vaste qui comprend d'autres sas ressemblant à des portes d'entrée et de sortie que les étincelles traversent pour retrouver, épouser leur manteau âme. Il existe d'autres sas vibratoires au-delà, et lorsque nous disons «au-delà» nous sourions car l'Âme Mère est un réceptacle si vaste qu'elle enveloppe toutes les vibrations appelées âmes. Ainsi, il existe des sas vibratoires qui ont d'autres buts que de permettre à l'âme de revêtir son manteau. Certains sont des sas vibratoires initiatiques que l'âme, à travers l'incarnation ou au-delà de l'incarnation terrestre, peut utiliser dans un but de transmuter son manteau âme, d'affiner son identité, l'amenant à changer de famille d'âmes s'il y a lieu. Le sas est tel un resserrement vibratoire qui permet le passage d'un taux vibratoire à un autre, d'un plan vibratoire à un autre, ou tout simplement qui existe en terme de lieu de passage où l'âme choisit d'aller ou non dans un but fort spécifique.

Tout comme les cellules de votre enveloppe physique reposent dans un liquide, les cellules des familles d'âmes reposent, quant à elles, dans un fluide vibratoire qui permet l'émission et la communication des informations. Des sas vibratoires entourent les familles. Ces sas assurent constamment la stabilité de la communication des fluides entre les étincelles et les familles d'âmes. Ils assurent une forme d'étanchéité des fluides environnants les famille d'âmes, le monde des étincelles et la vibration de l'Âme Mère.

Pouvez-vous imaginer maintenant? Tentez de reproduire les vibrations, sous forme d'images, de sensations, de ressentis, de sons ou de parfums, ce que nous vous transmettons. Car, si vous tentez de bloquer l'information dans un casier appelé intellect, vous aurez mal à la tête. Et nous ne le suggérons pas. Ainsi, relâchez les épaules. Permettez-vous l'accès à cet univers que nous vous décrivons. Les familles d'âmes existent par milliers. Nous en avons nommé douze parmi celles qui ont choisi l'incarnation en ce nouveau millénaire.

Nous vous invitons maintenant à découvrir les espaces qui entourent vos familles. Car il est urgent que vous saisissiez que tout ce que nous vous décrivons de la famille, du corps des familles d'âmes reposant au sein de l'Âme Mère dans l'univers des étincelles, que tout cela donc forme un corps, non pas semblable au vôtre, toutefois un corps qui fait partie d'un tout qui, à son tour, fait parti du Grand Tout.

Côtoyant l'univers des âmes, côtoyant la vibration de l'amour, existe aussi l'univers des âmes qui reposent dans l'ombre. Il n'y a pas de séparation. L'ombre n'est pas dans le vide, elle repose dans la Source. Elle est constamment entourée de la lumière, entourée des étincelles. Nous côtoyons constamment l'ombre. L'ombre existe uniquement dans l'amour et sans amour elle ne pourrait exister. Et certes, ceci peut choquer la conscience étroite qui se demande comment la Source permet-elle l'ombre? Comment l'ombre peut-elle exister dans l'amour? L'ombre existe dans la liberté de l'âme, l'âme étant constamment libre de s'éloigner de sa lumière, de choisir le non amour, de choisir la destruction. Elle est constamment libre, *constamment libre.* Toutefois, cette liberté est soutenue par l'énergie de l'amour qui, elle, est sans condition.

Ainsi, votre corps physique est semblable au corps des âmes. Vos organes internes vivent à l'intérieur de maints systèmes. Vos cellules sont soutenues par le fluide de l'amour. Certes, les cellules atypiques peuvent se créer. Des tumeurs peuvent se cristalliser; ces cellules seront d'une nature différente mais toujours semblables car elles proviennent de la même cellule et s'extrapolent. La tumeur est soutenue par l'amour, soutenue par le terrain. Et seul l'amour guérit la cellule atypique. C'est la même vibration. Saisissez-vous cette analogie?

Votre planète aussi est une cellule. Elle possède un corps, et ce corps est semblable au corps de l'univers des âmes, toujours au sein de la Source, dans la Source, dans l'amour. Et sur votre planète, des êtres s'entretuent. Ils sont soutenus dans l'énergie de l'amour car cet amour ne juge pas. Si l'amour, si le fluide jugeait, vous ne pourriez pas exister... Élargissez votre conscience.

Vous avez le choix de vous unir totalement à l'énergie qui vous soutient, tout comme vous avez le choix de vous identifier à vos peurs et à vos craintes. Vous avez aussi le choix de laisser aller et de choisir la fluidité, l'union, la fusion, la force et de reconnaître votre identité. Vous êtes totalement soutenu. Votre identité crée la force et non la séparation. Votre identité crée constamment l'union, *constamment l'union.* Votre âme sait d'où elle vient. Elle a quitté l'au-delà pour s'incarner; toutefois l'au-delà est ici-bas. Élargissez l'énergie de votre coeur, vous êtes toujours dans l'amour. Même si vous vivez l'illusion qu'il n'y a pas d'amour, même si vous vivez l'illusion que l'on vous blesse, vous êtes dans l'amour. Votre âme est beaucoup plus vaste que votre enveloppe physique. Votre âme est ici et ailleurs, car ailleurs est ici et ici est ailleurs. Il n'y a pas de séparation. Vous habitez toutes vos vies en même temps. C'est pourquoi, lorsque vous guérissez un espace, vous guérissez le tout. Plus vous vous permettez cette expérience, plus vous élargissez votre conscience, plus vous permettez à la guérison d'être instantanée, ressemblant au miracle. L'expansion de conscience que vous vivez en ce moment touche l'universalité. Vous pourriez constamment vivre votre quotidien ainsi.

La famille d'âmes, aidée du noyau et du filtre, maintient constamment sa vision. Qu'est-ce qui fait qu'elle existe? Quelle est son action? Les stabilisateurs communiquent avec les autres familles, et les âmes en périphérie maintiennent et scellent la cellule dans ses activités, échangeant toujours avec les étincelles et le fluide de l'Âme Mère. Cette vision est constamment transmise aux âmes qui ont quitté la famille pour vivre l'incarnation, peu importe la planète sur laquelle se vit cette incarnation. Vous êtes constamment en communication télépathique avec votre famille d'âmes qui vous transmet la vision. Qu'est-ce que les Guérisseurs sont venus faire sur la Terre en ce moment? Qu'est-ce que les Maîtres sont venus faire sur la Terre en ce moment? Que font les Chamans? Que font les Enseignants? Que font les Communicateurs? Pour trouver réponse à ces questions, les âmes n'ont qu'à se mettre à l'écoute de leur famille car, nous le répétons, elles sont constamment en communication télépathique avec elle, constamment en communion avec la vision qu'elle porte. Et tout ceci se vit dans le fluide de l'Âme Mère. Les âmes ont comme mission de maintenir cette vision, de la porter à travers la densité de la planète, là où elles sont incarnées. Cette vision n'aide pas uniquement l'âme qui la porte, elle aide aussi l'évolution de la planète entière.

Votre rôle, dans l'incarnation, est de porter et d'agir selon la vision de votre famille d'âmes, qui est aussi votre vision. Vous avez choisi l'incarnation, vous vivez les multiples expériences qui s'y trouvent et cette vision est constamment présente dans tout, *tout*, même si vous tentez de la nier. Si vous vous ouvrez à cette vision, une accélération au niveau de votre évolution se fera. Si vous tentez de la nier, ce mouvement sera ralenti, donc plus dense.

Lorsque les âmes s'incarnent, portant l'identité, l'étincelle, elles rejoignent la vibration du fluide de leur famille, ce fluide étant perceptible dans l'air. Si les âmes incarnées d'une famille ne portent pas consciemment leur vision, ce fluide peut être très faible, difficile à percevoir. Si, au contraire, ces âmes choisissent de porter consciemment la vision, le fluide deviendra beaucoup plus perceptible. Il sera alors aisé pour l'âme qui s'incarne de contacter sa famille, d'aligner sa vision. Et, à nouveau, tout ceci se vit dans le fluide de l'Âme Mère. L'énergie de votre famille d'âmes est présente jusque dans l'incarnation. Vous portez en vous ce fluide, il émane de tous vos corps car il est l'identité de votre âme à travers la Source, à travers la Divinité. C'est pourquoi lorsque votre âme rencontre une âme de la même famille qu'elle, les fluides se rejoignent, se reconnaissent, se reconnectent et se stimulent l'un et l'autre, augmentant ainsi l'intensité de la vibration de la famille. Lorsqu'il y a des rendez-vous d'âmes avortés ou manqués, les fluides se reconnaissent, toutefois il n'y a pas de stimulation et il y a éloignement de la vibration. Nous ne disons pas que ceci est grave, nous disons que ceci *est*.

Ces liens vibratoires, au sein d'une même famille et entre les familles, sont existants à travers des réseaux, à travers des plans de conscience que nous appelons des méridiens. Plus une âme évolue à travers le filtre de l'incarnation terrestre dans la conscience de sa famille d'âmes, portant et agissant selon sa vision, plus ces méridiens sont puissants. Toutefois, l'âme a le choix de refuser son identité céleste et, au travers de sa personnalité, de s'isoler de sa famille même si elle la reconnaît. Avec l'aide de sa personnalité et dans sa transparence, cette âme a aussi le choix de se reconnaître et de s'aligner consciemment, télépathiquement, pour accéder au réseau des âmes de sa famille. Plus l'âme accède à ce réseau et plus elle prend conscience des autres familles qui agissent sur Terre. Ainsi, une âme faisant partie de la famille des Maîtres peut devenir consciente qu'elle est venue sur Terre pour initier le mouvement et soudainement se présentent à elle un Guérisseur et un Communicateur qui viendront la soutenir dans son action. Ensemble, ces âmes aideront la famille des Maîtres à initier des mouvements en guérison et en communication, aidant par le fait même la famille de la guérison et de la communication à aligner leur action, à propulser leur vision. Tout se tient. Toutes les familles s'entraident, elles s'accompagnent constamment car vous avez besoin les uns des autres pour maintenir la vision et servir l'évolution de la planète Terre, planète que vous avez choisi de venir aider, n'est-ce pas? L'Âme Mère vous offre son support vibratoire pour vivre cela.

QUESTIONS:

Q: Par quel moyen peut-on faciliter la communication avec notre famille d'âmes pour agir selon la vision qu'on porte?

R: Combien d'entre vous écoutent leur intuition profonde? Là est l'ultime outil de communication. Écouter sa voix intérieure exige un état de réceptivité, de disponibilité et de spontanéité. Vous êtes constamment en communication entre vous, au sein de votre famille et d'une famille à l'autre. Mettez-vous à l'écoute, ouvrez votre oreille interne, ouvrez votre cœur. Si vous observez ce qui se passe tout autour de vous, vous réaliserez que la famille de la communication a de la difficulté en ce moment. Pourquoi? Parce que l'énergie du pouvoir a envahi la communication, l'énergie de l'ombre a également envahi cette famille. Nous parlons ici de la communication entre autres par les médias, les institutions des livres, les films... qui sont de plus en plus gérés par de grandes puissances.

Q: Comment les autres familles peuvent-elles les aider?

R: La famille des Enseignants enseignera sur les troubles de la communication; la famille des Maîtres ira s'ingérer dans les institutions là où le pouvoir est *distorsionné*; la famille des Guérisseurs offrira son support dans la rédaction de textes sur la guérison... La communication télépathique est également en souffrance à cause de la sur-utilisation de certaines substances énergétiques.

Q: Quelles sont ces substances?

R: Imaginez une pièce où 2000 ordinateurs sont en fonction en même temps... La charge magnétique qui se libère interfère la transmission des ondes télépathiques. Nous ne disons pas que ceci est malsain, nous vous informons seulement de la situation actuelle qui prévaut dans le monde de la communication. Ainsi les liens télépathiques doivent être purifiés pour ne pas permettre d'interférences.

Les Guérisseurs peuvent avoir une action bénéfique à ce niveau. Lorsqu'un Guérisseur pose ses mains sur un ordinateur, il calme l'émanation magnétique qui crée la distorsion. Vous pouvez, peu importe la famille à laquelle vous appartenez, donner du Reiki à votre ordinateur et ainsi gérer sa bonne utilisation. La machine est un outil divin et vous pouvez agir sur l'outil. Vous n'êtes pas séparé de la matière qui vous entoure. Votre téléviseur émet des ondes, votre ordinateur aussi, mais ces objets répondent également aux ondes que vous émettez. N'avez-vous jamais observé que votre ordinateur réagit à votre stress, soit en fonctionnant au ralenti ou en ne voulant pas accomplir la commande que vous lui passez? Pourquoi ne réagirait-il pas également aux ondes positives? Vous pouvez certes imposer les mains sur les épaules de l'utilisateur mais vous pouvez aussi imposer les mains directement sur la machine, car cette machine est vivante, elle est vibration.

Chapitre 7

Canaliser et vivre sa vision

Vous êtes libre et cette liberté est votre initiation.

Votre âme vit présentement une poussée. Cette poussée tend à aligner totalement l'incarnation que vous avez choisi de vivre avec la vision planétaire, la vision de servir constamment la divinité qui vous habite au-delà des systèmes de croyances, au-delà des lois terrestres, à travers l'énergie universelle de la vie, de l'amour et de la lumière.

Votre capacité de contacter qui vous êtes, de respecter la vision que vous portez de votre incarnation, non seulement guide votre âme à suivre le chemin de son évolution, mais inspire aussi les âmes qui vous entourent à reconnaître leur propre chemin. Ainsi, en agissant sur vous-même, vous agissez sur les autres. En reconnaissant votre identité, vous aidez les autres à reconnaître la leur. Vous alignez ainsi la conscience planétaire.

Votre histoire est inscrite dans chacune de vos cellules. Vous avez la capacité de vous souvenir totalement de vos vies, des actions que vous avez déjà posées, des positions que vous avez déjà occupées, des prisons que vous avez déjà connues (nous parlons des prisons mentales, psychiques, psychologiques et même spirituelles dans lesquelles certaines âmes se sont emprisonnées). Vous avez la capacité de vous souvenir, de lire à travers l'expérience de cette incarnation qui vous fûtes, et ce, à travers toutes les incarnations. Lorsque nous vous invitons à élargir votre conscience, nous vous invitons à toujours maintenir le contact avec votre identité profonde, réelle, avec la nature spirituelle qui vous habite constamment. D'éveiller ainsi votre lumière aidera les autres à reconnaître la lumière qu'ils portent.

Il existe maintes familles. Elles ont toutes leur action dans l'univers des âmes. Accompagnées des étincelles, ces familles ont aussi des actions dans d'autres univers, dans maints plans vibratoires appelés planètes, comme par exemple: la Terre, Arturius, Sirius... Là où vous êtes, au sein de votre famille, vous servez constamment la Source. Il n'y a pas de séparation entre votre place dans la famille et votre action. Lorsque vous aurez vécu l'expérience des retrouvailles au sein de votre famille, il se peut que cela amène un éclaircissement de votre action sur cette planète. Lorsque les âmes de votre famille et des autres familles s'incarnent, le but des retrouvailles est de recréer le corps vibratoire de l'univers des âmes *sur* la planète Terre! En effet, ce corps vibratoire fait partie de la vision inhérente à chacune des âmes, peu importe la famille à laquelle elles appartiennent!

Imaginez que vous êtes dans la famille des Maîtres, des Guérisseurs, des Chamans ou des Guerriers, peu importe. Votre âme porte la vision des familles d'âmes, la vision de l'univers des âmes en entier. Lorsque votre âme s'incarne, elle sait de quelle famille elle vient, quelle est sa position au sein de cette famille et quelles sont les âmes qu'elle aura la possibilité de retrouver, toujours dans le but de maintenir sa vision. L'univers vous accompagne constamment dans ce que vous avez à accomplir. Comment? En permettant la descente d'énergies célestes sur les plans terrestres. N'appelez-vous pas cela des «portes vibratoires»? Lorsqu'il y a des portes qui s'ouvrent dans l'univers environnant votre planète, qu'il s'agisse de la porte du 11 / 11, du 07 / 07 et ainsi de suite, ces descentes d'énergies activent le mouvement de retrouvailles des familles, cherchant aussi à recréer la vision, recréer le corps vibratoire de l'univers des âmes sur la planète d'incarnation. Dans le même espace-temps, ces portes s'ouvrent pour Vénus et pour d'autres planètes, et le même mouvement d'énergie s'installe. Lorsque huit planètes s'alignent, imaginez le nombre de portes qui ont dû s'ouvrir pour semer cet alignement!

Imaginez maintenant comment le corps vibratoire de l'univers des âmes incarnées peut être en ajustement, en alignement, en équilibre et en retrouvailles! Vous êtes tous dans ce mouvement et vous ne savez pas encore comment et pourquoi. Vous le saisissez, seconde après seconde, et ceci exige de vous une épuration constante, une désintoxication, une transcendance, un détachement à la dépendance affective, un élargissement de conscience... Il se peut très bien que vous vous sentiez fatigué à la lecture de cet ouvrage car toutes les cellules de votre corps physique et de votre cocon de lumière s'alignent sur ces retrouvailles de votre famille et des autres familles.

Ainsi, êtes-vous prêt à accueillir tout ce que cela vous fait vivre, sans comprendre exactement quelle est cette vision de plus en plus activée en vous? Sans comprendre exactement où cette vision vous mènera? Toutefois, avant de débuter cet alignement, qui se poursuivra bien après la lecture de cet ouvrage, il est important que vous épuriez, que vous retiriez ces couches où il y a encore l'ego et la personnalité, où il y a des émotions de tristesse, sentiments d'abandon, sentiments d'être seul.... Il y a aussi la joie des retrouvailles! L'énergie du cœur qui s'amplifie! La conscience qui est alimentée d'un nouveau fluide! Nous vous invitons à laisser aller, à transcender vos peurs et à vous unir au sein de votre famille, à guérir les blessures et à vous préparer pour l'expérience de la vision.

Vous n'êtes pas seul dans cette purification. Le travail que vous vivez, au sein de votre famille, aide les autres membres de votre famille qui sont aussi en recherche. Il aide également ceux qui sont endormis et qui, soudainement vont s'éveiller et se questionner. Vous allez ensuite rencontrer ces âmes et vous allez les inviter à recevoir de vous l'alignement de la vision. Vous observerez peu à peu que plusieurs membres de votre famille terrestre vont rêver à vous, plusieurs amis vont penser soudainement à vous et même des amis d'enfance auront tout à coup l'idée de vous appeler. Votre action n'est pas que pour vous, elle est pour votre famille entière, sur cette planète et sur d'autres planètes. Plus vous vous alignerez, au sein de votre famille, au sein des familles d'âmes qui créent l'univers des âmes, et plus, télépathiquement, vous participerez à l'alignement et à la vision planétaires.

À travers ses fonctions, à travers ses actions même dans l'au-delà, votre âme ne dort pas sur les nuages au sein de la famille. Entre les incarnations, et nous utilisons le terme «entre» pour vous faire image, votre âme continue constamment de servir. Quelquefois, elle quitte la famille et se rend dans des lieux, qui ne sont pas terrestres, pour agir avec sa famille et d'autres familles. Toutefois, elle est toujours associée à sa famille. Selon sa position, elle accomplit certaines actions fort spécifiques, toujours dans l'au-delà. Toutes ces actions, qu'elles aient lieu sur la Terre ou dans l'au-delà, amènent constamment l'âme à s'élever, à transmuter sa densité. Ainsi, votre âme vit ce que nous appelons la transmigration, qui peut ressembler à une forme d'épuration durant laquelle elle change de taux vibratoire. Elle passe à travers des anneaux de lumière, des sas vibratoires, où elle perd sa densité. Elle la transmute jusqu'à retourner à l'étincelle pour à nouveau se fondre à la Source, naître étincelle et poursuivre son chemin.

Imaginez qu'à la suite d'un accident, vous vivez un choc crânien important et vous êtes dans le coma. Alors que les membres de votre famille terrestre viennent vous tenir compagnie pour vous soutenir et que les membres de votre famille céleste font de même, votre âme peut choisir de vivre une transmigration importante. Elle peut également décider de vivre ces étapes lors d'une expérience de mort clinique, lors de la répétition d'états altérés de conscience, d'états mystiques, lors d'une poussée de kundalini ou lors de petites périodes d'illumination. Toutes ces situations sont propices à la transmigration de l'âme.

Ce que nous tentons de vous dire c'est que votre âme peut utiliser dans son incarnation un espace d'exploration de conscience pour vivre la transmigration. Certaines vont le vivre en présence d'un maître spirituel, alors que d'autres vont le vivre en présence de la vibration angélique, lors d'une rencontre publique; le corps est assis, il semble écouter, soudainement l'âme utilise notre vibration, transmigre et revient. Nous ne disons pas que tous les participants à une rencontre publique transmigrent. Toutefois ceci est possible. L'âme incarnée utilise un taux d'élévation vibratoire «x» comme tremplin pour vivre un temps de transmigration, revenir et poursuivre l'incarnation. Certes, il y aura des changements dans la vie de l'âme incarnée. La personnalité regardera l'âme et lui dira: «Mmmhh! Beaucoup plus lumineuse qu'il y a quelques secondes. Que se passe-t-il? Il faut que je m'ajuste vite...» La transmigration peut alléger l'âme jusqu'à ce qu'elle redevienne étincelle.

Vous portez, dans les cellules de votre cocon de lumière et dans les cellules de votre âme, la vision de votre famille d'âmes. Vous portez cette vision dans la recherche de la création d'un corps, corps universel, corps vibratoire représentant l'univers des âmes sur la planète où vous vous trouvez. Ce corps transporte non seulement la vision de chacune des familles, mais bien la vision globale de l'univers des âmes. Il se peut que vous ayez, dans votre cœur, dans votre conscience ou dans votre hara, des jugements sur les autres familles et nous vous invitons à les transcender. Il se peut également que vous ayez des jugements sur les membres de votre famille et que vous utilisiez l'expérience terrestre pour projeter ces conditionnements sur les liens entre les familles d'âmes, tentant d'abaisser le taux du corps vibratoire de l'univers des âmes. Si tel est le cas, nous vous invitons à purifier votre cœur, purifier votre conscience, purifier vos mémoires, et à amener l'énergie de la guérison en vous. Connectez-vous à l'amour!

Nous vous avons informé, au tout début de ce livre, que lorsque les âmes s'incarnent, certaines d'entre elles ont la possibilité, à travers la densité terrestre, d'utiliser le conditionnement terrestre, la condition humaine, et de projeter cette condition dans les liens célestes qui unissent les âmes entre elles, qui unissent le monde des étincelles au monde des âmes. Certains humains utilisent la troisième dimension et projettent cette dimension sur la Source elle-même, pensant que Dieu punit, que Dieu récompense, que Dieu s'impatiente, qu'Il contemple la Terre et qu'il enlève l'étincelle à une âme parce qu'elle agit dans l'ombre. Ceci n'existe pas. Il est urgent que vous preniez conscience que ce ne sont que des projections de la condition humaine sur une vibration qui ne l'est pas. Il en est de même de l'univers des âmes, de la cellule familiale, du regroupement des familles d'âmes et de tout l'enseignement que nous vous avons transmis.

Vous pouvez utiliser la condition humaine de cette incarnation et la projeter sur un enseignement qui est céleste, la projeter sur vos frères et sœurs de lumière qui ne sont point incarnés, sur les étincelles qui vous entourent constamment et qui n'ont pas d'identité sauf la divinité. Vous êtes libre. Lorsque vous agissez ainsi, vous réduisez l'énergie qui émane de votre cocon de lumière. Vous abaissez votre taux vibratoire et vous entachez la communication au taux vibratoire élevé. Ensuite vous vous questionnez: «Pourquoi est-ce que je ne sens rien, que je n'entends rien? Pourquoi y a-t-il confusion?» Tout simplement parce que vous utilisez vos émotions, qui sont dans la troisième dimension, pour être à l'écoute quand vous savez, au plus profond de vous-même, que vous ne pouvez pas canaliser votre famille ou entendre ses messages si vous êtes dans un taux vibratoire qui densifie votre personnalité et brouille la communication.

Votre lecture touche bientôt à sa fin, en terme de «fin des enseignements lus». Toutefois, elle ne touche pas à sa fin en terme de «fin de l'expérience». L'expérience, tout au contraire, ne fera que grandir en vous. Vous prendrez, en tant qu'âme, une expansion! C'est pourquoi nous vous demandons de maintenir votre cœur, votre conscience et votre hara purs. Purifiez-vous! Vous avez la capacité d'amour, l'inconditionnel est votre nature profonde, ainsi que l'éternel, l'immortalité... Soyez à la hauteur de qui vous êtes. Plus vous permettrez à votre âme de vivre les états de purification, d'alignement et de fusion, plus vous créerez l'expansion, la transmission de l'énergie d'amour sur cette planète. Nous vous invitons à lâcher prise sur tous vos concepts, systèmes de croyances, sentiments d'appartenance à vos frères et sœurs de lumière incarnés qui sont près de vous. Nous vous invitons à reconnaître qu'une seule vibration peut aider votre état de réceptivité, maintenir la vision en vous et tout autour de vous. C'est l'amour.

Lorsque nous parlons de la vision de votre famille d'âmes, nous ne parlons pas uniquement de la vision de votre incarnation car le «je» et le «moi» n'existent plus au niveau où nous tentons de vous guider. Il n'y a plus de «je», il n'y a plus de «moi»; il n'y a que le «Soi», il n'y a que le «Nous», il n'y a que l'ouverture totale à votre famille et à toutes les familles qui créent avec vous le corps vibratoire de l'univers des âmes sur cette planète et sur les autres planètes. Canalisez la vision de votre famille, la vision que vous portez au plus profond de chacune des cellules qui composent votre corps physique et vos corps subtils, cette vision intérieure qui est la vôtre et qui sert votre incarnation. L'expérience de votre vie terrestre est un outil vous guidant dans la transmutation de l'énergie de votre cœur et de votre conscience, vous invitant dans votre évolution personnelle. Vous pouvez vous attarder pendant des siècles dans l'incarnation terrestre, dans la troisième dimension, à chercher le coupable, à accuser le méchant, à vous croire le meilleur, à vouloir posséder, à acquérir les plus grands biens, le plus grand château..., et ainsi ne pas nourrir la vision que vous portez. Vous avez choisi de vivre le filtre terrestre et vous pouvez vous y perdre. Ceci n'est ni bien ni mal, ceci *est.*

Toutefois, lorsque vous choisissez de passer à travers ce filtre et de vous élever tout en accueillant l'incarnation, tout en accueillant que vous avez choisi de souffrir, de recevoir les blessures et d'en donner, ceci est un puissant outil de transmutation, de purification de l'énergie du conditionnel, de reconnaissance de l'inconditionnel que vous portez au sein même de votre âme et que vous avez oublié. Cette énergie de l'inconditionnel, cette énergie de l'amour est le moteur de votre vision. Lorsque vous vous questionnez sur la nature de votre vision, sur votre action, sur le but de votre incarnation, expérimentez l'amour, canalisez l'amour, devenez l'amour et par la fait même, immédiatement vous allez retrouver le moteur, le fluide de votre âme, de votre identité.

Votre vision, la vision des âmes de votre famille pourrait être vue comme un scénario idéal commun. Elle est inscrite dans l'identité même de votre âme, dans les cellules vibratoires de votre âme et vous l'avez amenée avec vous dans votre incarnation. C'est non seulement le scénario idéal commun de votre famille mais bien celui du corps des familles d'âmes tout entier. C'est pourquoi vous allez soudainement ressentir le besoin de vous retrouver et de créer des regroupements dans des lieux très spécifiques de la planète. Ces lieux représentent l'environnement de votre famille. Vous ressentirez le besoin d'y aller, de regrouper les membres de votre famille et même s'ils n'y viennent pas physiquement, de créer l'émanation télépathique! Certains lieux de votre planète représentent les chakras du corps vibratoire de l'univers des âmes et il est urgent de reconnecter ces lieux, d'en amplifier leurs vibrations.

Nous allons reprendre le mantra sacré des familles d'âmes. Ce mantra, lorsqu'il est répété encore et encore, active la vision intérieure, la vision qui est dans les cellules de votre âme, la vision de votre famille et la vision de l'union des familles d'âmes. Il se peut que vous ne le ressentiez pas, mais vous êtes tous unis. C'est pourquoi lorsque vous jugez les membres de votre famille, sachez que vous jugez la condition humaine. Vous est-il possible, tout en regardant l'autre à travers sa condition humaine, de voir sa divinité, de voir le potentiel énergétique de sa famille, au-delà de l'ego, au-delà du «moi», au-delà du «je»? Si vous ne voyez que l'ego, c'est que votre vision n'est pas élargie. Si vous ne voyez que la limite, c'est que votre vision n'est pas élargie. C'est un excellent exercice que de voir l'autre dans son potentiel et non point dans sa limite. Ceci est la vision. Si vous bloquez au niveau de l'ego de l'autre, comment pourrez-vous lire la vision en vous et en l'autre?

Laissez ces sons sacrés agir en vous et canalisez votre vision, *canalisez la vision.*

EXERCICE

Avant de chanter le mantra, nous vous invitons à canaliser l'amour en vous et à reconnaître profondément qui vous êtes, à vous accueillir dans l'énergie d'amour inconditionnel.

Déposez vos mains sur votre cœur physique, votre cœur karmique ou votre cœur spirituel. Accueillez-vous, accueillez votre âme, ressentez sa présence dans vos mains. Laissez aller les peurs, les doutes, les questionnements du mental, les incompréhensions. Laissez aller. Laissez aller les systèmes de croyances et le désir de mettre en boîte l'enseignement.

Vous êtes très vaste, vous êtes fluide, vous êtes intuition, spontanéité, transparence. Vous êtes amour malgré vos blessures, vous êtes amour malgré vos peurs, vous êtes amour malgré vos souffrances, vous êtes amour malgré la densité terrestre, vous êtes amour malgré tout. Reconnaissez qui vous êtes.

Accueillez votre famille d'âmes en vous. Laissez aller les énergies des rendez-vous manqués; cédez la place. Ouvrez votre cœur, ouvrez votre conscience, accueillez votre famille, accueillez votre essence, accueillez votre âme. Enracinez l'amour dans vos hanches, dans vos genoux, dans vos pieds. Enracinez l'amour dans votre quotidien, enracinez la vision dans votre quotidien. Ne tentez pas de lire le futur, vivez cette expérience ici et maintenant.

Laissez l'énergie de votre famille vous porter. Ne tentez pas de voir comment vous allez agir demain, maintenez le moment présent, laissez-vous porter. Vous êtes porteur de vision.

Respirez profondément. Vous venez d'appeler votre âme, vous venez d'appeler l'amour, la vision. **A UM**: Âme universelle, Âme Mère.

Et maintenant, en chantant **A UM NE Ü I NAH**, vous appelez votre âme, vous la laissez émaner; vous appelez la divinité, la reconnaissance; vous demandez à votre famille de s'unir, d'émaner, de communiquer. **NE Ü I** appartient à la vibration des étincelles, pure essence, et le **NAH** est la reconnaissance.

Transportez ce son dans votre troisième œil, dans la conscience, l'appel de la famille, l'appel de votre âme dans la famille à travers sa divinité. Demandez intérieurement quelle est la vision de votre famille. Qu'êtes vous venu accomplir au sein du regroupement de votre famille? Demandez-le intérieurement, écoutez bien la réponse. Recevez l'information. Demandez clairement et dites, *maintenant*! Demandez *maintenant*. Comment pouvez-vous permettre à l'identité réelle de votre âme d'agir dans la transparence de votre personnalité? Comment pouvez-vous manifester totalement votre âme et son identité?

Maintenez une main sur votre cœur physique. Posez-vous maintenant cette question intérieurement. Qu'est-ce qui vous empêche en ce moment, dans votre vie, de laisser l'identité de votre âme se manifester, s'exprimer dans le quotidien, à travers la conscience, à travers le cœur, à travers l'action juste? Car vous êtes le maître de votre vie. Vous êtes aussi le maître de vos résistances, de vos peurs, de vos doutes. Qu'est-ce qui, en vous, entrave? Qu'est-ce qui, en vous, résiste à l'expression divine de votre âme, à l'expression divine de son identité? Écoutez la réponse avec recueillement.

Lorsque vous chantez le mantra, non seulement vous appelez votre âme mais vous appelez votre âme au sein de votre famille, vous appelez le lien télépathique, vous en élevez la vibration. Nous suggérons que ce mantra soit chanté au sein de votre famille, au sein de votre âme. Vous pouvez également chanter ce mantra lors d'un regroupement de différentes familles, **mais il n'est pas sain de le chanter dans un vaste public**. Que se passerait-il si vous le chantiez dans un public qui ne se reconnaît pas? Ceci créerait des interférences, des peurs, des doutes, des incertitudes, des jugements et vous n'avez certainement pas besoin de ceci, n'est-ce pas? Vous pouvez toutefois chanter ce mantra en présence d'âmes qui reconnaissent leur identité, même si elles ne savent pas exactement de quelle famille elles font partie. **Seul le A UM peut être chanté en vaste public car la masse des humains peut le prendre.**

Nous allons maintenant ajouter un autre son à ce mantra. Ce son agit pour le regroupement des familles d'âmes. Ce son est le **TA**. Le **TA** est l'arbre de vie, le **TA** est l'alignement des énergies célestes avec les énergies terrestres, le **TA** scelle. Vous appelez vos familles, vous les regroupez et vous scellez.

Vous êtes prêt à appeler votre âme au sein de sa famille, à reconnaître la vision, l'identité, et à reconnaître les autres, les unir, les sceller. Vous êtes une flamme, vous êtes l'étincelle qui est enveloppée du manteau de l'âme, *votre* âme. Vous allez appeler cette étincelle, vous allez appeler votre âme, vous allez appeler votre vision en chantant le mantra et vous allez sceller le regroupement de toutes les familles grâce au **TA**.

Lorsque vous chanterez ce mantra, prenez votre temps, enracinez bien votre énergie, laissez porter la vibration en vous. Ne tentez pas de performer; laissez l'énergie de votre famille vous porter. Enracinez l'amour, enracinez la lumière, enracinez la vision dans le moment présent, ici et maintenant. Vous êtes parfaitement aligné, reconnaissez la force de la communion vibratoire qui existe entre vous et votre famille, entre votre famille et toutes les autres familles. Vous êtes pur canal vibratoire d'amour et de lumière. Plus vous reconnaissez votre identité et plus les autres se reconnaissent. Vous aidez ainsi la planète toute entière à se reconnaître.

La vision prend-elle encore plus forme? Toutefois, il est important qu'elle prenne encore plus forme dans votre cœur, dans votre conscience, dans votre hara, dans votre essence au sein de votre famille. Nous aimerions ajouter, pour clore, que vous êtes incarné, par le fait même vous aidez vos familles car vous maintenez la vision à travers la densité de votre incarnation et ceci harmonise la relation de votre famille avec l'univers. Maintenez l'action dans le moment présent, permettant ainsi d'aligner votre action à votre vision, à la vision que porte votre famille d'âmes. Ne tentez pas de projeter dans le futur car vous allez vous épuiser. Vivez l'instant présent. Portez l'amour. Laissez-vous porter par votre famille d'âmes, alignez votre action dans l'énergie de votre cœur et de votre conscience.

Mantra pour l'appel de l'âme et de sa vision

Tout au long de cet ouvrage, nous nous sommes servi du support vibratoire d'un mantra fort spécifique pour vous aider à contacter votre âme au sein de sa famille et la vision qu'elle porte. Comme il vous a été présenté dans différents chapitres, nous aimerions maintenant vous en donner la traduction dans son intégralité. Voici donc la présentation plus complète du mantra **A UM NE Ü I NAH TA***.

Le **A UM** est l'appel à l'âme. Si vous ressentez que votre âme s'éloigne de votre personnalité, si vous ressentez que votre âme, à la fin d'une méditation, ne veut pas revenir dans l'enveloppe physique, chantez le **A UM**.

Le **A** est un son guérissant l'énergie des poumons, l'énergie du cœur, l'énergie de la vie, de l'incarnation. Le **A** est associé à la vibration du point d'attache de votre âme.

Le **UM** est le son universel qui, certes, stimule l'ouverture de tous les cônes de vos chakras. Lorsque vous chantez

* Le u et le ü se prononce comme un ou, alors que la syllabe NE se prononce NÈ ou NAI.

le **UM**, vous permettez au cône, à l'entonnoir, à cette direction dans laquelle tourne vos chakras, de s'ouvrir en toute quiétude, en toute paix, en toute sérénité car ce son enveloppe, accompagne et adoucit. Il est un soutien vibratoire à tous les mantras.

Ainsi, avec le **A UM**, vous appelez l'âme à travers le son universel. Vous appelez l'âme, vous l'enveloppez et vous stimulez l'ouverture de tous vos chakras. Votre âme sera fort contente de descendre et de s'intégrer. En ce sens que vous lui donnez le soutien du son universel de la planète Terre et de l'univers en entier. Vous appelez l'âme, vous appelez aussi votre famille d'âmes dans le **A UM**, vous chantez votre âme, vous la célébrez. Ce son n'est pas qu'un appel; il est l'accompagnement, l'enveloppement de votre âme.

NE Ü I. Ce son n'appartient pas à la terre. Ce son existe dans l'univers des étincelles, dans l'univers des âmes. Le **Ü** est le son divin. Si vous choisissez de chanter le divin, de chanter la Source, vous pouvez répéter et répéter **Ü** en chantant. Certes, sur cette planète, certains sons ressemblent à ce son, n'est-ce pas? Cela vous fait-il image? Quelle est l'image sonore du **Ü**? Certes, les sirènes, le son du vent qui souffle... Lorsque vous chantez seulement le **Ü**, vous ouvrez vos chakras supérieurs et leur permettez de recevoir une dose massive des plans célestes. Nous utilisons ce son dans quelques interventions, facilitant ainsi l'ouverture au niveau de la pinéale, l'explosion.

Vous y ajoutez **NE Ü I**. Le **NE Ü I**, que vous dirigez vers le troisième œil, crée le son qui appartient à l'énergie de l'étincelle. Ainsi, vous appelez l'âme dans la vibration des étincelles, de l'Âme Mère. Vous rappelez l'âme à sa naissance, à travers le divin. **A UM NE Ü I**. Vous appelez l'âme à sa Source. Vous lui rappelez sa naissance qui est l'étincelle. Vous lui rappelez sa divinité et vous appelez votre âme et toute la famille. Vous alignez l'énergie divine au sein de la famille, vous dialoguez avec chacune des étincelles. N'est-ce pas merveilleux?

Le **NAH** est à nouveau la descente de la vibration dans la famille d'âmes. **A UM NE Ü I NAH**. Vous regroupez la famille. Vous recentrez les étincelles dans la vibration, dans la teinte vibratoire. Vous faites descendre votre famille en vous et sur le plan terrestre, car vous êtes toujours incarné, n'est-ce pas? Ne l'oubliez pas. Vous faites descendre la vibration de votre famille dans la vibration terrestre. Vous appelez les âmes de votre famille. Vous leur dites: «Je suis ici! Où êtes-vous? Connectez-vous!»

Et nous avons ajouté le **TA** pour le regroupement des familles. **A UM NE Ü I NAH TA**. Le **TA** scelle ce mouvement, il invite toutes les familles à se regrouper. Non pas seulement la vôtre mais bien toutes les familles. Le **TA** est la descente directe, dans l'arbre de vie, de la vibration que vous venez d'appeler. Le **TA** scelle le mantra.

NOTE IMPORTANTE

Tel que nous vous l'avons mentionné précédemment, il est fort important que ce mantra ne soit chanté qu'avec des personnes qui reconnaissent leur famille d'âmes. Il ne doit pas être chanté en vaste public au risque de créer des distorsions. Seul le A UM peut être chanté dans des groupes qui ne reconnaissent par encore leur réelle identité.

Les âmes sœurs et le couple dans l'incarnation

Texte extrait de la conférence intitulée: «Les âmes sœurs et la guérison du conditionnement amoureux».
Canalisation de l'Archange Michaël, Québec le 24 février 2000.

Les âmes sœurs et le couple... sujet très à la mode sur votre planète en ce moment. L'enseignement que nous avons à vous transmettre touche directement votre cœur, votre âme ainsi que le couple que vous portez tous à l'intérieur de vous-même: l'homme et la femme, le yin et le yang, la lune et le soleil. Cet enseignement touche aussi directement le couple à l'extérieur de vous, cette recherche profonde, cet appel conscient ou inconscient que vous portez et qui vous pousse à vous fusionner avec l'autre.

Nous allons vous parler d'amour; l'amour terrestre et l'amour céleste. Et même si nous nommons deux formes d'amour, dans la vision de l'âme et de l'essence, nous parlons d'une seule et même vibration. Certes, il se peut que vous nous disiez n'avoir connu à ce jour que dix pour cent d'amour céleste contre quatre-vingt-dix d'amour terrestre, et nous vous disons qu'à travers l'amour terrestre existe l'amour céleste. C'est pourquoi nous allons vous inviter à aimer. Êtes-vous prêt? Il se peut que cette proposition éveille quelques craintes, quelques résistances au niveau de votre personnalité, dues à maintes blessures. Rassurez-vous! Cette capacité d'aimer que vous portez, cet amour guérit tout sur son passage. Nous ne sommes pas à vous parler d'un conte de fée; cet amour est là, en vous, dans vos cellules.

Bien avant son incarnation, votre âme existait dans l'au-delà, n'est-ce pas? Et dans l'au-delà, l'amour *est.* Souvenez-vous de la naissance de votre âme! Vous étiez l'étincelle quittant l'Étincelle, la Source, et, après avoir traversé le sas de l'Âme Mère, vous avez revêtu le manteau âme. Grâce à cette identité vibratoire, il vous a été possible de vous véhiculer dans maints plans de conscience, d'habiter une famille d'âmes, de vous y positionner et de reconnaître vos frères et sœurs de lumière. Ainsi, vous vous êtes incarné avec ce manteau âme qui avait un certain poids, une certaine densité sur la Terre. Puis vous avez choisi papa, maman et ainsi de suite. Vous avez choisi d'habiter un corps physique, d'entrer dans le fœtus et d'utiliser comme véhicule d'incarnation une identité terrestre. Vous avez aussi choisi un code génétique terrestre. Résultat? Dans cette incarnation, vous êtes un homme ou une femme, début d'identité terrestre. Vous êtes long comme un fil ou carré comme une armoire; vous avez les cheveux raides ou bouclés; les yeux verts, bruns ou bleus; vous avez eu trois frères qui vous tiraient les cheveux; vous avez été surprotégé ou abandonné; votre famille était pauvre ou très riche... Identité terrestre, *identité terrestre.*

Toutefois, pendant tout ce temps, votre âme vivait cette identité tout en sachant qu'elle existait bien au-delà de celle-ci, sachant que cette identité terrestre n'était qu'un véhicule emprunté pour servir son évolution, sachant également qu'à travers cette identité terrestre il lui était possible en tout temps de rejoindre son identité céleste, qui vous êtes au plus profond de votre être, de votre essence. Il est possible que l'identité terrestre devienne un véhicule totalement transparent à la réelle identité de votre âme et que votre âme puisse utiliser ce véhicule, homme, femme..., pour servir son évolution et l'évolution de cette planète, pour servir l'amour.

Si nous vous parlons de ces identités qui peuvent se fondre et devenir totalement une (la spiritualité intégrée dans la chair), c'est que l'identité céleste, qui est la vôtre, connaît l'amour universel, connaît la fusion au Tout. Vous portez cette expérience, cette mémoire, dans les cellules de votre pouce, de votre main, de vos cheveux, de votre corps en entier. Vous portez la mémoire de la fusion. Même si vous n'avez pas de cheveux. Nous tentons de vous dire que vous portez le souvenir, vous portez la capacité, l'expérience de la fusion. Ainsi, lorsque vous vivez le coup de foudre, pendant une seconde, jusqu'à dix ans, quinze ans, vingt ans, quarante ans..., vous vivez la reconnaissance de l'amour universel. Vous saviez que cet amour existait mais vous l'aviez oublié. Et là, vous vous souvenez. N'est-ce pas merveilleux? Ceci est l'amour!

Ainsi, vous vivez le coup de foudre avec foudre; vos cellules reconnaissent, savent, se souviennent car vous portez l'amour, le souvenir de la fusion. Combien de temps pouvez-vous tenir? Nous vous posons cette question et vous n'êtes pas obligé de répondre. Nous allons vous poser maintes questions. Et certes, ces questions soulèveront des réponses conscientes ou inconscientes, énergie qui va surgir de vos cellules.

Par le fait même, vous connaissez l'amour terrestre et l'amour céleste car vous connaissez l'amour universel. Votre âme sait, elle le porte. Votre essence est remplie d'amour universel. Toutefois, que se passe-t-il? Pourquoi les coups de foudre tombent-ils soudainement? Pourquoi vous brûlent-ils? Pourquoi vous laissent-ils des cicatrices? Pourquoi vivez-vous les peines d'amour? Pourquoi l'amour peut-il détruire? Pourquoi, pourquoi, pourquoi? Il y a certes de multiples raisons.

Vous avez, dans votre identité terrestre, rencontré l'amour et ses conditions. Même si vos parents voulaient vous transmettre l'amour universel dans leur amour paternel et maternel, dans cet élan d'aimer l'enfant, il y a eu des conditions. Vous avez expérimenté l'amour conditionnel, amour associé à la planète Terre. L'âme de vos parents est également venue revivre, retrouver et expérimenter l'amour terrestre et ses conditions, tout comme vous. Ainsi, vous êtes dans un grand laboratoire d'exploration sur cette planète. Vous connaissez entre vous les blessures d'amour, vous avez été blessé par un parent et vous avez enregistré cette blessure. Vous l'avez cultivée et avez bâti un système de croyances tout autour de cette blessure.

Alors, dès que vous rencontrez le coup de foudre, à l'âge de quinze ou quarante sept ans, peu importe, vous avez la possibilité de revivre tous les conditionnements amoureux que vous avez intégrés et que votre personnalité connaît sur le bout des doigts. Ne nous dites pas que ceci est inconscient. Nous regrettons, votre personnalité connaît fort bien toutes ses blessures d'amour. Votre âme les connaît aussi, car elles se répètent de vies en vies. Il se peut aussi que vous vous en créiez de nouvelles. Et si tel est le cas, cessez immédiatement.

Ces conditionnements, ces montagnes de croyances sur l'amour, montagnes sur lesquelles vous êtes assis, les Himalaya de croyances amoureuses, vous les connaissez fort bien. Et si vous nous dites: «Non, je ne me souviens pas!» Nous vous dirons: «Êtes-vous en couple?» Et si vous nous répondez: «Non point, non point! Le couple pour moi, c'est terminé!» Nous allons sourire... Vous portez en vous un couple intérieur. Le saviez-vous? Saviez-vous que vous êtes constamment en couple, même si vous êtes seul? Si vous êtes en couple extérieur, vous êtes ainsi en couple et en couple. Par le fait même, vous avez à négocier avec votre couple intérieur, avec votre couple extérieur et avec le couple intérieur de votre partenaire. N'est-ce pas merveilleux? Il y a beaucoup d'espace pour se fusionner ou pour se détruire, n'est-ce pas? Ainsi, combien de couples cela fait-il? Trois couples, multipliés par deux, six individus. Et nous ne parlons pas des multiples personnalités. Attention, le couple n'est pas terminé. Vous êtes aussi en couple avec la Terre, n'est-ce pas? Vous êtes en couple avec le ciel. Cela fait huit, quatre couples. Est-ce que cela vous fait image? Contemplez cette figure géométrique.

Votre couple intérieur a été créé par les expériences que vous avez vécues dans votre identité terrestre, par votre expérience karmique. Imaginez que vous êtes une âme ayant eu cinquante incarnations en tant qu'homme et que ces expériences furent difficiles. Soudainement vous revenez et vous intégrez le corps d'une femme. Allez-vous vous retrouver facilement? Imaginez. Il serait fort possible que vous soyez devenu une femme yang, n'est-ce pas? Une femme qui ne comprend pas le corps de la femme, qui se demande: «Où est l'homme?», car elle se sent encore homme, même si elle est femme. Couple intérieur en difficulté. Si vous avez été un homme pendant cinquante vies, même si vous êtes une femme dans votre incarnation actuelle, vous portez la mémoire d'avoir habité le corps d'un homme. Et vice versa. Par le fait même, lorsque vous allez contempler votre yin et votre yang, il se peut qu'il y ait déséquilibre. Toutefois, si vous avez choisi un corps de femme, c'est pour servir l'évolution de votre âme sur Terre, pour servir la planète aussi. Ainsi, il y a une raison, il y a un sens à votre identité terrestre. Il y a aussi un sens à toutes ces blessures d'amour que vous avez connues et que vous avez la possibilité de guérir.

Lorsque nous vous contemplons sur Terre, nous lisons que toutes les blessures ont pour origine l'amour. Que toutes les maladies ont pour origine l'amour. Que toutes vos guerres ont pour source le manque d'amour. Que tous les déséquilibres qui existent sur Terre ont pour source le manque d'amour. Nous contemplons aussi que la blessure d'amour est la blessure que vous avez le plus de difficulté à rencontrer, à accueillir. C'est pourquoi les déséquilibres planétaires ont pour source l'amour. Vous êtes prêt à guérir les blessures reliées au pouvoir, vous êtes prêts et prêtes à guérir un cancer, à guérir votre relation avec l'argent, votre relation avec Dieu, avec vos vies antérieures... Toutefois, lorsque nous vous parlons d'amour ou lorsque dans les rencontres individuelles nous parlons de blessures d'amour, aussitôt il y a recul. Car vous savez que si vous guérissez vos blessures d'amour, vous n'aurez plus de raisons d'exister dans votre identité terrestre, vous n'aurez plus qu'à vous fusionner. Et même si c'est votre désir le plus profond, il y a une très grande peur à vous libérer de vos blessures d'amour.

Maints d'entre vous sont dans la négation, la négation se lisant comme suit: «Tout va bien. Je n'ai pas de blessures. Je n'ai pas besoin de l'autre. J'existe dans ma spiritualité. Tout est sous contrôle...» Négation! Car la réelle spiritualité n'est pas dans l'étude des formes géométriques, dans l'étude de la Cabale, des chiffres ou des textes anciens. La vraie spiritualité est certes à travers tout cela, toutefois elle est avant tout l'amour, aimer: aimer vous-même, l'autre, l'arbre, la fleur, la violence, la guerre, la planète, aimer. Et vous y êtes.

Nous avons utilisé le thème des âmes sœurs car les âmes sœurs sont un très grand exemple de cette recherche de fusion à travers l'autre, du désir d'accomplir la mission et du refus de se rencontrer. Nous venons de décrire les âmes sœurs. Les Anges Xedah ont introduit un enseignement fort spécifique sur les âmes sœurs et ceci a créé un tremblement de terre dans la région de Québec, de Montréal et dans maintes régions car immédiatement, les personnalités, les identités terrestres et les conditionnements amoureux ont surgi tels des volcans. Soudainement, toutes les entités présentes à ces enseignements étaient à la recherche du prince et de la princesse. Nous pouvons vous en parler, nous étions présents. Immédiatement... l'âme sœur, le prince charmant. Conditionnement que vous connaissez sur la terre, n'est-ce pas? Et nous regrettons de vous informer que l'âme sœur peut aussi bien être le crapaud. Certes! Ne soyez pas déçu. Car même si vous avez l'impression que votre âme sœur est un prince, il peut aussi être un crapaud. Si vous vivez l'illusion du prince, comment allez-vous vivre la rencontre avec l'âme sœur. Et l'inverse, si vous vivez l'illusion de la princesse, vous ne passerez pas à travers l'expérience.

C'est pourquoi nous avons choisi le thème des âmes sœurs, car les âmes sœurs sont tout simplement un exemple fort concret de ce que vous vivez dans vos conditionnements amoureux, de ce que vous connaissez sur le bout des doigts.

Afin de bien saisir l'essence de cet enseignement, allez au-delà des âmes soeurs et contemplez **deux âmes qui ne sont pas des âmes soeurs**, qui ont connu maintes vies ensemble et se retrouvent dans cette incarnation. Elles se reconnaissent, il y a attraction et les âmes échangent un fluide qui certes est reçu par la personnalité qui tente de le vivre. Nous disons bien *tente* de le vivre. Ceci est l'attraction des âmes. Et, comme vous êtes incarné, cette attraction se vit à travers vos cellules et à travers vos chakras.

Vos blessures d'amour ne sont pas uniquement logées dans votre cœur. Il se peut que vous ayez une blessure d'amour logée dans la gorge: un ressentiment. Il se peut que vous ayez une blessure d'amour logée dans la conscience: un refus de voir la réalité. Il se peut que vous ayez une blessure d'amour logée dans le plexus: incapacité à digérer la relation avec André en telle année... Il se peut que vous ayez une blessure d'amour logée dans le hara: avoir donné votre pouvoir à l'autre dans toutes vos relations. Il se peut que vous ayez une blessure d'amour logée dans la base: incompatibilité dans l'échange sexuel, même si vous aimez l'autre avec votre coeur. Mémoires, blessures...

Ainsi, lorsque les âmes se reconnaissent et échangent ce fluide, le fluide descend dans tous les chakras. L'ego le reçoit aussi et il peut se gonfler de cet amour, s'édifier dans ses systèmes de croyances. Et soudainement, vous vous sentez puissant. Certes! Car l'amour est une puissance de guérison. Nous allons répéter ceci et nous vous invitons à respirer: «*L'amour est une puissance de guérison.*»

Toutefois, si l'ego est déjà édifié, il va reconnaître cet amour et dire: «L'autre m'appartient. J'aime et je garde, ainsi je ne souffrirai plus. Je vais m'accrocher. J'ai enfin l'autre.» Quelle est l'intention derrière ceci, dites-nous? L'intention est la fusion. Toutefois, nous vous disons que vous ne pouvez pas vous fusionner en vous attachant à l'autre. Nous répétons ceci et nous vous invitons à respirer: « *Vous ne pouvez pas vous fusionner en vous attachant à l'autre.* »

Ainsi, votre personnalité, suite aux blessures et aux conditionnements amoureux, interprète le fluide comme elle l'entend. Et vous vous retrouvez à unir vos chakras, que ce soit dans une amitié, que ce soit dans une relation parents enfants..., vous unissez vos chakras à différents degrés. Mais les blessures sont là. Et que se passe-t-il? La friction débute. Et là, vous perdez vos illusions et vous entrez dans votre souffrance. *Votre* souffrance. Quelle est votre souffrance d'amour? Quelle est votre blessure d'amour? Qu'est-ce qui vous blesse ou qui vous a blessé dans l'amour et que vous portez encore? Prenez quelques instants pour répondre à ces questions.

Maintenant, nous aimerions vous soumettre d'autres questions. Est-ce que vous entretenez la blessure? Est-ce que vous l'arrosez, la nourrissez, en changez la terre? Est-ce que vous la nourrissez ou est-ce que vous tentez de la guérir pour vous en libérer? Où en êtes-vous? Prenez quelques instants à nouveau pour répondre à ces questions.

Ainsi, tout au long de cet enseignement, nous allons parler du couple. N'oubliez pas que nous parlons aussi, et toujours, de votre couple intérieur. Toutefois, nous ne nommerons pas constamment intérieur et extérieur. Souvenez-vous simplement que le couple est dans tout.

Ainsi, lorsque deux âmes se rencontrent, elles rencontrent, dans leur identité terrestre, la blessure de l'amour. Même si vous connaissez dix formes de blessures différentes, nous allons résumer en disant *la blessure de l'amour*. Cette blessure existe et vous avez tout le potentiel pour la guérir. Ainsi, dans la personnalité, dans l'identité, les blessures se rencontrent et les âmes continuent de vivre l'attraction. Toutefois, il se peut que ceci bloque au niveau de la personnalité et que vous sentiez que vous allez vers une destruction plutôt que d'aller vers l'amour, le but du couple étant toujours l'amour, l'expansion de l'amour.

Vous vivez alors des périodes de désintoxication qui peuvent varier en intensité. Durant ces périodes, nous suggérons fortement la communication. Toutefois, n'oubliez pas que la blessure est *la vôtre*, la blessure n'est pas votre partenaire. Dans la troisième dimension, cette dimension qui existe sur Terre, maintes âmes vivent la victimisation dans l'amour. Elles échangent également les rôles; elles vivent tour à tour la persécution, la victimisation et par la suite, le sauveteur. Dès que vous quittez cette troisième dimension et que vous vous élevez, vous cessez de projeter votre blessure sur l'autre et devenez conscients que l'autre est un outil d'évolution tout comme vous êtes un outil pour lui. Ceci est le couple.

Contemplez le couple en ce moment sur Terre. Maintes entités se séparent et maintes entités se réunissent. Ce mouvement de couples est constamment en évolution et le but du couple est toujours l'amour. Dans ces difficultés, dans cette rencontre de la blessure, il est fort important que vous vous occupiez de votre blessure et non pas de l'autre car vous seul pouvez guérir *votre* blessure. L'autre peut vous aider; toutefois, il n'a pas le pouvoir de vous guérir, vous seul le pouvez.

Première étape, guérissez votre blessure. Guérissant votre blessure, votre taux vibratoire va se transmuter et vous allez devenir encore plus transparent à l'amour universel car vous ne serez plus dans le conditionnement, dans la blessure, dans l'amour conditionné. Ainsi vous allez vous ouvrir au réceptacle de l'amour universel et à votre identité céleste qui est la transparence. Par le fait même, vous allez changer de taux vibratoire. Est-ce que l'autre va suivre? Excellente question, n'est-ce pas? Vous vous occupez de votre blessure et vous évoluez tout en aimant l'autre tel qu'il est. Et l'autre, s'il reste aux prises avec sa blessure, ne pourra pas vous suivre car il ne vibrera plus au même taux que vous. Nous ne parlons pas ici de supériorité ou d'infériorité, nous parlons de compatibilité vibratoire.

Contemplez votre couple. Contemplez les couples. Contemplez le couple intérieur. Y a-t-il compatibilité vibratoire? Occupez-vous de vos vibrations. Guérissez le conditionnel et poursuivez votre évolution. Si l'autre n'évolue pas, si son rythme est différent du vôtre, vous ne pourrez plus poursuivre. Ainsi, vous utilisez ce terme: «Je me sépare!» Et nous sourions. Car, la séparation n'existe pas. Vous êtes toujours lié à cette âme. Toutefois, vous choisissez d'évoluer sur des chemins différents. L'amour signifie la liberté.

Maintenant, que se passe-t-il avec les couples qui choisissent d'évoluer ensemble? Reprenons l'exemple des **deux âmes qui ne sont pas des âmes soeurs**, qui se sont reconnues, suite à maintes vies, et choisissent de s'engager, de s'unir pour cinq jours, cinq ans, cinquante ans, peu importe. Dès qu'elles s'engagent, le mouvement de désintoxication débute, la possibilité d'évolution s'installe. Dès que ces âmes s'unissent, pour cinq heures ou cinquante ans, déjà le fluide qui circule entre les deux âmes crée un cocon qui enveloppe leurs deux cocons et ceci devient, s'il y a l'amour, une lumière qui ne porte pas la même teinte vibratoire que ces âmes. Elle porte une teinte vibratoire **rose miel**.

Ainsi, ce cocon d'amour qui est créé par deux âmes et leur personnalité qui se rencontrent, qui vivent l'amour et qui se purifient dans l'amour, crée une contagion d'amour. Et déjà le couple sert l'évolution. D'autres âmes vont reconnaître ce rose miel et en seront attirées. Attention, non pas pour entrer dans le cocon, mais bien pour créer cette même vibration d'amour dans leur vie. Tel est le but d'un couple, tout simplement. Alors, imaginez les enfants, les tout-petits qui sont collés à ce cocon rose miel. Déjà vous leur transmettez un enseignement, n'est-ce pas?

Maintenant, poursuivons l'enseignement et imaginons la rencontre entre **deux âmes soeurs**. Ces âmes ont établi un contrat dans l'au-delà, contrat qu'elles ont répété dans maintes vies ici-bas. Ce contrat était tout simplement de se retrouver pour accomplir une mission spécifique, fort spécifique. Par le fait même, elles ont choisi de vivre, dans l'au-delà, une initiation qui les a unies par des ponts de lumière situés au niveau des chakras supérieurs. Ainsi, chez deux âmes soeurs, que ce soit femme-femme, homme-homme, mère-fils, et ainsi de suite, vous pouvez lire des ponts de lumière qui s'unissent jusqu'à l'infini. Lorsque ces âmes se reconnaissent, qu'elles passent l'étape crapaud et qu'elles choisissent de s'engager, que ce soit cinq heures, cinq ans ou cinquante ans, les ponts s'illuminent. Certes, il y a désintoxication. Vous y passez tous. Désintoxication, purification, union et à nouveau un cocon va les recouvrir. La teinte vibratoire ne sera pas rose miel. C'est une teinte très difficile à décrire, cela ressemble à une teinte **argentée avec un mélange de bleu poudre**. Tentez d'imaginer ceci et trouvez le nom. Ce cocon sera plus vaste, car il est entretenu par les ponts de lumière. Le but de ce vaste cocon, pour les âmes soeurs, est de servir de véhicule à leur mission commune.

Maintes âmes soeurs se reconnaissent, veulent bien nettoyer la personnalité et sentent l'appel d'accomplir ensemble une mission, car ceci est le but de leur incarnation. Toutefois, que se passe-t-il en ce moment sur la planète Terre? Nous contemplons que maintes âmes soeurs se perdent dans la mission. Elles s'engagent dans la mission, s'engagent dans la mission, *s'engagent dans la mission* et ne prennent pas le temps de solidifier leur cocon. Comme elles sont engagées dans une action pour servir la planète, ceci les aide à guérir les personnalités. Toutefois, ne vous perdez pas dans la mission, chères âmes soeurs. Cultivez l'amour. Si cet amour n'existe pas entre les âmes soeurs, jusque dans la chair, à travers la personnalité, la mission tombera car cette mission est soutenue par un véhicule qui est le cocon créé dans l'amour par les âmes qui se retrouvent.

Il existe aussi des **âmes soeurs primordiales** dont le maître Ramtha a longuement fait l'éloge. *L'autre moitié.* Les âmes soeurs primordiales sont issues d'une même étincelle qui, après avoir revêtu le manteau âme, à un moment très précis, s'est scindée. Pendant un certain temps les deux étincelles ont cohabité le même manteau âme, et petit à petit, chacune des étincelles a épousé son propre manteau, créant deux âmes qui possèdent chacune la mémoire de la moitié. Il n'existe pas beaucoup d'âmes soeurs primordiales sur Terre en ce moment, mais si votre planète le pouvait, il y en aurait plus. Et vous allez comprendre pourquoi. Pour que les âmes soeurs primordiales se retrouvent, s'unissent et décident de faire ce qu'elles ont à accomplir ensemble, le taux vibratoire de votre planète devrait vibrer dans la cinquième dimension. Et en ce moment, la majorité des humains qui habitent votre planète sont dans la troisième dimension.

La mission des âmes soeurs primordiales qui viennent sur Terre est de se retrouver, de se fusionner et ainsi d'élever le taux vibratoire de la planète. Telle est leur initiation. Ceci est leur unique mission. Toutefois, attention ! Imaginez l'identité terrestre d'une âme sœur primordiale qui vit toujours le désir, la fixation de retrouver l'autre moitié. Certes, dans un ego blessé, ceci peut aisément être utilisé par la personnalité pour devenir la plus grande victime que la Terre ait jamais portée.

Lorsque l'âme sœur primordiale s'incarne, elle transporte un karma important et elle vient retrouver son autre moitié qui est là, qui l'attend ou qui viendra plus tard. Et soyez sans crainte, elles vont se retrouver. Cependant, ces retrouvailles ne sont pas un conte de fée. Lorsque ces deux âmes se retrouvent, elles retrouvent certes le sentiment d'existence, mais aussitôt l'initiation débute. Et nous disons bien : *initiation*. Elles sont entraînées dans une désintoxication très profonde, une purification et ce afin qu'elles puissent se rejoindre et à nouveau se fusionner, devenir une sur Terre, *une sur Terre*.

Ceci ne veut pas dire qu'elles perdent leur identité. Non point, non point, non point ! À ce niveau il n'y a plus d'identité car elles sont là pour vivre totalement l'amour céleste, jusque dans la chair. Cela est possible. Toutefois, en ce moment, très peu d'âmes réussissent à vivre l'initiation. Nous vous donnons la météo des âmes sœurs primordiales en ce moment sur Terre. La couleur du cocon formé par l'union de ces âmes est **pure lumière**.

Il est fort important que vous saisissiez les niveaux d'expression des âmes qui se retrouvent. Et nous le répétons, le but est toujours l'amour. Maintenant, nous vous cédons la parole.

QUESTIONS

Q: Est-ce possible que deux âmes soeurs vivent sur des continents différents et qu'elles ne se rencontrent jamais?

R: Totalement! Tout est possible. Mais pas pour les âmes sœurs primordiales car leur but est justement de se retrouver pour servir l'élévation du taux vibratoire de la planète sur laquelle elles sont incarnées. Ainsi, comme par hasard, l'une voyagera jusqu'à l'autre.

Q: Lorsque deux âmes sœurs se rencontrent, vivent ensemble pendant quarante ans et que l'une des deux décède, que fait l'autre qui reste sur la Terre?

R: Vous poursuivez l'action. Car l'autre vous soutiendra dans l'au-delà. Attention! Vous n'êtes pas abandonné. *Vous poursuivez l'action.* Il se peut que vous ressentiez que ceci est moins intense et nous disons que c'est une illusion. Quand l'autre a quitté, votre cocon ne s'est pas effrité, dissipé. Vous continuez de le porter. Par le fait même, vous continuez à transmettre l'amour, et vous le savez. Ne transmettez-vous point constamment l'amour? D'où l'importance de reconnaître le couple intérieur. Vous êtes aussi cette âme sœur intérieure.

Q: Je vis avec mon âme sœur primordiale. Je l'ai reconnue mais lui ne me reconnaît pas. Alors comment vivre harmonieusement cette situation?

R: Nous vous remercions de cette question et nous confirmons votre ressenti profond. Vous êtes prête à l'initiation.

Toutefois la personnalité, l'identité terrestre de votre partenaire a de la difficulté. Il y a des blessures chez cet être qui l'empêchent de reconnaître la vibration de votre réel couple. Certes, vous pouvez aider l'autre, vous êtes un outil, l'autre est un outil pour vous aussi. Toutefois, vous ne pouvez pas forcer. Vous pouvez communiquer. Ainsi, maintenez-vous dans l'initiation, vous y êtes déjà, l'initiation étant que vous reconnaissiez et que l'autre ne le reconnaisse pas. Reconnaissez, accueillez et maintenez l'amour. Et vous nous en reparlerez.

Q: Dans les différents coups de foudre que l'on peut vivre, quelles sont les indications pour nous aider à reconnaître l'âme soeur?

R: Cette question est fort importante et nous étions pour vous transmettre l'enseignement. Toutefois, déjà nous allons utiliser ceci. Entre toute âme, il y a attraction. En ce sens que vous pourriez dire, toute âme est-elle une âme soeur? Et nous vous disons, non point. Vous êtes venu ici, en ce moment, dû à l'accélération des vibrations. Il se peut que vous ayez jusqu'à cinq âmes soeurs à rencontrer dans votre incarnation, il se peut également que vous en ayez trois, deux ou une. Il se peut également que vous n'en ayez pas du tout. Ainsi, comment les reconnaître? Ceci est fort aisé.

Lorsque vous rencontrez une âme qui n'est pas votre âme soeur et que vous vivez une attraction, vous allez vous sentir, si nous pouvons utiliser cette expression, en pays de connaissance, vous allez avoir l'impression de connaître cette personne, vous allez immédiatement être à l'aise avec elle. Quand vous rencontrez une âme soeur, ceci est totalement différent. Il se peut que vous viviez le même ressenti que nous venons de vous décrire, toutefois il y a une profondeur que vous n'arrivez pas à expliquer. En présence de l'autre, vous vous sentez entouré d'une vibration qui existe bien au-delà de cette personne. Et cette vibration est créée par les ponts qui existent entre vous deux, qui vous unissent. Et nous le répétons, cette attraction se vit bien au-delà de la personnalité, de la couleur des cheveux, de la forme du corps, de la profession..., vous nous suivez? Vous ressentez qu'il y a une énergie qui vous enveloppe, qui vous protège et qui, en même temps, vous pousse à aller vers l'autre. C'est à ce moment que certains quittent en courant. Si vous avez été grandement blessé dans l'amour, vous aurez peur. Vous allez dire «Ceci est trop fort!». «Trop puissant». «Je vais mourir si je m'y laisse aller». Vous sentez que vous perdez le contrôle et que vos conditionnements vont surgir comme des volcans. Cela vous fait-il image, chère âme?

Q: Et que faire alors?

R: Allez-y! Vous êtes plus que prêt. Et certes, il arrive souvent que l'âme soeur ne ressemble pas au prince ou à la princesse, qu'elle n'ait pas nécessairement les mêmes goûts que vous, les mêmes affinités, à l'inverse des âmes jumelles qui, elles, ont les mêmes goûts, pratiquent les même sports, lisent les même livres... Tout est pareil. Vous vous reposez en présence d'une âme jumelle. Avec l'âme soeur, vous vous sentez poussé, comme s'il y avait du vent. Et il se peut qu'il y ait du travail, c'est-à-dire une désintoxication de l'ego tout simplement. Guérissez les mémoires des vies où vous vous êtes abandonné et passez à l'action. L'amour, *l'amour.* La rencontre avec une âme soeur entraîne automatiquement un tremblement de terre interne. Le couple intérieur est ébranlé. D'où l'importance de vous recentrer.

Q: Qu'est-ce qui se passe quand on reconnaît une âme soeur, qu'on la ressent au niveau vibratoire, mais que l'autre ne nous reconnaît pas?

R: Tous les scénarios sont possibles. Premièrement, vous êtes invité à l'amour. Déjà, si vous reconnaissez une âme soeur et qu'elle ne vous reconnaît pas, questionnez-vous! Cela ressemble-t-il à une blessure dans votre identité terrestre? Première question. Ne questionnez pas votre perception. Questionnez le fait qu'elle ne vous reconnaisse pas. Cela ressemble-t-il à ce que vous avez connu jusqu'à maintenant sur Terre? Si la réponse est oui, guérissez votre blessure. Il se peut également que ceci ressemble à ce que vous avez connu dans d'autres vies. Guérissez les mémoires! Ayant guéri ceci, il se peut que l'autre vous reconnaisse. Il se peut aussi que l'autre ne veuille pas vous reconnaître car il a peur et vous ne pouvez pas le forcer. Maintenez-vous dans l'amour, guérissez et accueillez. Si cette âme soeur ne vous reconnaît pas, il se peut qu'il y ait une autre âme soeur pour vous...

Q: Quel est le pourcentage des âmes soeurs primordiales sur Terre en ce moment et pourquoi viennent-elles? Pourquoi désirent-elles s'incarner s'il n'y a pas beaucoup de possibilités qu'elles réussissent à vivre leur initiation?

R: Attention! Nous disions qu'il y a moins de possibilités que si votre planète était dans la cinquième dimension. Il y a des âmes qui désirent aider la planète. C'est le but de votre incarnation à tous. Ainsi, ces âmes savent fort bien qu'elles viennent et qu'il y a 40 % des chances qu'elles ne réussissent pas à vivre l'initiation. Toutefois, elles viennent quand même. Le jugement n'existe pas

Q: Que se passe-t-il au niveau d'un couple qui vit ensemble depuis un certain nombre d'années et qu'une des deux âmes est attirée par une troisième personne?

R: Ceci est appelé le triangle. Le triangle vient déstabiliser le couple. Le trois vient déstabiliser le deux. Et si le trois vient déstabiliser le deux, c'est qu'il y avait déjà dans le deux un espace de déséquilibre et d'éloignement. Ainsi une autre âme vient. Il est important de ne pas juger ceci car cet éloignement existe bel et bien. Vous ne devez pas juger que quelquefois, dans votre relation de couple intérieur et extérieur, il y ait des périodes d'éloignement. Ces périodes peuvent signifier qu'il serait peut-être le temps que les deux âmes évoluent chacune de leur côté. Peut-être sont-elles prises dans l'attachement? Ainsi, la troisième personne vient aider à clarifier la situation. La troisième peut certes créer la dissolution du deux mais elle peut aussi aider à ce que le deux se solidifie.

EXERCICE

Nous allons maintenant vous inviter à respirer profondément, car il est temps de passer à l'action. Nous allons vous guider dans une méditation profonde que vous pourrez poursuivre dans vos domiciles respectifs. Vous pourrez également la transmettre à d'autres. Nous vous invitons à partager cet enseignement, à répandre le message. Ceci est fort important. Car plus il y aura de couples qui vont se retrouver et cultiver l'amour, plus ceci va créer une contagion, une force d'amour universel planétaire. D'où l'importance de partager cet enseignement.

Dans cette méditation, nous allons vous inviter à appeler l'autre. Si vous êtes en couple extérieur, n'ayez pas peur et appelez l'autre. Si vous êtes sur le point de quitter le couple, appelez l'autre. Si vous êtes seul, appelez l'autre. Toutefois, n'oubliez pas votre couple intérieur. Ainsi, cet appel de l'autre doit se vivre non seulement à l'extérieur de vous mais aussi à l'intérieur de vous. Lorsque vous choisissez de vivre le couple, vous choisissez d'aider votre couple intérieur. Souvenez-vous de ceci.

Par le fait même, nous vous invitons maintenant à respirer profondément. Et reconnaissez, avant de débuter le processus, que l'autre est là, qu'il existe même ici. Reconnaissez que vous êtes tous des outils d'évolution les uns pour les autres. Nous vous invitons, à travers vos racines célestes, vos cheveux, votre chakra de la couronne, à vous unir à vos racines terrestres, à vos pieds qui sont sur le sol. Laissez votre force spirituelle passer à travers tous vos centres d'énergie, à travers votre cœur et à travers vos bras et vos mains, qui sont les racines du cœur. Écoutez l'amour, donnez l'amour, recevez l'amour.

Inspirez et expirez profondément. Laissez l'enveloppe physique se détendre et dialoguez avec votre personnalité. Demandez-lui de vous accompagner dans cette méditation profonde. Relâchez les épaules et détendez la mâchoire, détendez les yeux. Permettez-vous d'élargir votre conscience, votre cœur et votre action.

Et maintenant, doucement, avec vos mains de lumière ou vos mains physiques, touchez vos chakras, ces centres d'énergie qui vous parlent en ce moment. Apaisez-les, calmez vos peurs, calmez vos blessures d'amour. N'hésitez pas, touchez vos centres d'énergie là où vous ressentez un malaise, un vide ou un surplus. Vous êtes toujours ce centre de lumière, cette flamme éternelle, cette force spirituelle. Respirez profondément. Laissez l'amour guérir.

Et maintenant, demandez à vos mains de se détacher de vos centres d'énergie et laissez-les être l'une face à l'autre, au niveau de votre cœur, au niveau de votre plexus. Et là, pendant quelques secondes, contemplez votre couple intérieur, votre main gauche représentant le féminin et votre main droite représentant le masculin. Avec les yeux ouverts ou fermés, contemplez votre couple intérieur. Et petit à petit, avec votre permission profonde et dans votre désir de guérir, laissez vos mains se rejoindre dans cette union consciente du yin et du yang, dans ces retrouvailles, dans la reconnaissance de l'autre. Respirez au fur et à mesure que vos mains s'unissent, dans l'amour, dans l'action de fusion intérieure, de reconnaissance, de l'élan. S'il y a résistance, accueillez, ne jugez pas. Si vous n'êtes pas prêt, vous n'êtes pas obligé d'unir vos mains.

Et maintenant, complétez ce geste d'union. Déposez vos mains sur vous, en ouverture. Détendez le corps physique. Reconnaissez le canal de lumière que vous êtes, le canal d'amour. Reconnaissez votre centre.

Inspirez et expirez. Et à travers votre force spirituelle, à travers votre force d'âme, à travers votre identité profonde, appelez l'autre. Appelez à vous l'autre, maintenant. À travers votre élan, à travers votre désir profond de fusion et d'amour, appelez l'autre. *Appelez l'autre.* À travers votre centre de lumière, à travers l'amour, appelez l'autre. Inspirez, expirez. Si une douleur surgit, aimez. Cet amour guérit, aimez. S'il y a tristesse, aimez. Cet amour guérit, aimez. S'il y a colère, aimez. Purifiez. Et continuez d'appeler l'autre à vous, d'appeler à vous la fusion, le couple, l'union dans l'amour. Maintenez la vibration de cette méditation et respirez profondément. En toute liberté, appelez l'autre et recevez. Recevez, *recevez.* Inspirez profondément et expirez. Maintenez la présence à ce réceptacle. Car vous êtes un réceptacle d'amour. Respirez.

N'hésitez pas à pratiquer cette méditation et à la transmettre. Souvenez-vous que le but du couple est l'amour, *l'amour.* Que la Source vous accompagne dans votre action, dans cet amour qui guérit, dans la reconnaissance de l'autre, dans votre désir profond de fusion. Et n'oubliez pas nous sommes constamment présents. Utilisez-nous !

Conclusion

Cette canalisation de l'Archange Michaël a eu lieu à 4000 mètres d'altitude, au Monastère de Ghanden au Tibet, le 25 avril 2000, journée de l'anniversaire de naissance de Marie Lise Labonté.

Nous vous souhaitons la bienvenue dans les vibrations de Shamballa. N'est-ce point un lieu choisi pour transmettre la conclusion du livre dédié aux familles d'âmes?

L'ensemble des familles d'âmes forme, dans l'au-delà, un corps vibratoire qui est l'expression pure de l'amour infini, de l'incommensurable, de l'éternité. Lorsque l'étincelle choisit de traverser le sas vibratoire de l'Âme Mère pour épouser le manteau-âme, ce n'est pas pour créer la séparation. Lorsqu'elle choisit par la suite de se diriger vers une famille d'âmes et d'y occuper une position spécifique, ce n'est pas pour créer la séparation. C'est pourquoi nous vous disons, à vous lecteur: «Soyez fort vigilant! N'utilisez pas l'enseignement transmis dans cet ouvrage pour créer en vous ou entre vous la division, la séparation ou la hiérarchie. Ne l'utilisez pas pour nourrir les systèmes de croyances qui vous ont servi à ce jour. Car il serait fort aisé d'utiliser cet enseignement sacré et d'y projeter vos conditionnements terrestres».

Lorsque vous vous incarnez sur la planète Terre, vous venez certes rencontrer votre famille terrestre, vous venez retrouver des âmes, père, mère, frères, soeurs, amis..., avec qui vous aurez la possibilité de guérir les blessures logées au niveau de votre cœur, de votre conscience et de votre action. Vous venez retrouver des âmes, toujours dans votre famille terrestre, qui serviront de soutien à votre évolution.

Cependant, il est fort important qu'à travers votre identité terrestre, votre âme s'éveille à sa nature divine, qu'elle s'éveille à son identité céleste et qu'elle reconnaisse qu'elle appartient à une famille d'âmes, qu'il existe des âmes qui appartiennent à sa famille tout comme il existe des âmes qui appartiennent à d'autres familles d'âmes.

Et si votre âme choisit de vivre cet éveil au niveau de sa conscience, éveil aussi appelé naissance psychique ou naissance spirituelle, il est important qu'à travers son incarnation elle s'unisse, elle s'associe *vibratoirement* avec des âmes qui font partie de sa famille d'âmes et des autres familles célestes. Ceci dans le but de créer une chaîne de reconnaissance d'amour, de recréer la famille céleste sur les plans terrestres, de faire descendre le Ciel sur la Terre.

Nous souhaitons profondément que les âmes se réunissent dans leur famille d'âmes et que les familles spirituelles se créent sur cette planète. Mais avant que ces liens ne prennent place, il est fort important que toutes les âmes guérissent les blessures qu'elles portent face à leur famille terrestre, sinon elles pourraient les projeter à nouveau sur leur famille spirituelle et tel n'est pas le but de ces retrouvailles célestes.

Les enseignements contenus dans ce livre vous sont transmis dans l'espoir de vous aider à reconnaître à quelle famille d'âmes vous appartenez et quelle position vous occupez au sein de celle-ci, à reconnaître que vous portez votre identité céleste et que cette identité, qui existe à travers votre famille d'âmes, est un véhicule d'évolution et d'accomplissement, *votre* véhicule de réalisation sur Terre.

Ainsi soit-il.

Que la Source vous accompagne dans ce
mouvement de lumière que vous êtes à
créer et qui se répandra à travers tout
le réseau télépathique, à travers
les méridiens qui sillonnent la planète
Terre en entier.
Grâce à ces mouvements d'énergie,
vous éviterez les grandes frictions car
en portant la vision, le fluide se répand
et transmute les énergies qui veulent
se frictionner.

10350

Composition
NORD COMPO

Achevé d'imprimer en Slovaquie
par NOVOPRINT SLK
le 5 décembre 2023.

Dépôt légal : avril 2013
EAN 9782290071960
L21EPEN000231-622483/R11

ÉDITIONS J'AI LU
82, rue Saint-Lazare, 75009 Paris

Diffusion France et étranger : Flammarion